パンどろぼう
いとしのステッチ&てづくりこもの

原作 柴田ケイコ

Contents

1 いとしのステッチ＆ステッチこもの

パンどろぼうのミニ巾着	p.5
いとしのパン	p.6
かくれみのじゅつ、はやあしのじゅつ	p.7
パンいろいろ	p.10
いろんなパンどろぼう	p.14
にせパンどろぼう、なぞのフランスパン、こぶた	p.20
おにぎりぼうや	p.24
おにぎりぼうやのはしぶくろとランチョンマット	p.25
おにぎりいろいろ	p.26
パンどろぼう1色ステッチ	p.30
パンどろぼう1色ステッチのフラットポーチ	p.31
おにぎりぼうや1色ステッチ	p.32
おにぎりぼうや1色ステッチのスマホショルダー	p.33

2 いとしのフェルトこもの＆アップリケこもの

- おにぎりぼうやとパンどろぼうのコインケース ········· p.35
- おにぎりのおままごと ········· p.38
- いろんな味のおにぎり ········· p.40
- パンどろぼうのミニバッグ、にせパンどろぼうのポシェット ········· p.42
- 通園通学3点セット ········· p.44
- ショルダーバッグ ········· p.46
- フェルトワッペン ········· p.48

刺しゅうのきほん ········· p.15
よく使うステッチの刺し方 ········· p.18

3 HOW TO MAKE つくり方 ········· p.49
ステッチの刺し方 ········· p.87

Staff
- ブックデザイン　Permanent Yellow Orange（野澤享子　杉山さおり）
- 写真　奥川純一
- スタイリング　鈴木亜希子
- ヘア＆メイク　AKI
- 作り方解説　吉田 彩
- トレース　加山明子
- 校正　向井雅子
- 編集　宇並江里子（KADOKAWA）

Model
- ホップス・デイジーちゃん　99cm
- エル・レオくん　104cm

☆本書に掲載の作品を複製して販売することは禁止されています。
てづくりを楽しむためのみにご利用ください。

1 いとしのステッチ&ステッチこもの

ちくちく、パンどろぼうを刺しゅうしましょう。
Tシャツやバッグ、靴下などの
既製品に刺しゅうしてもいいし、
刺しゅうしてから、こものにてづくりもできます。

パンどろぼうの
ミニ巾着

赤のチェック柄の生地に、フランスパンを
持って逃げるパンどろぼうをステッチ。
ちょっとしたものを入れてバッグに入れておくのに
便利なミニサイズの巾着に仕立てました。

つくった人=くぼでらようこ　How to make ▶ p.50

いとしのパン

フランスパンを抱きしめたり、しょくパンにほおずりするパンどろぼう。
はかりなどもワンポイント刺しゅうの図案としてかわいい！

ステッチした人＝tam-ram　　How to make ▶ p.8

かくれみのじゅつ、
はやあしのじゅつ

おみせの中で、おめあてのパンまで移動する
パンどろぼうをステッチ。

ステッチした人＝tam-ram　　How to make ▸ p.9

かくれみのじゅつ

ササササッ

ササササッ

ピタッ

実物大刺しゅう図案

p.6 いとしのパン

用意するもの
25番刺しゅう糸／色は各図案参照

ポイント
- 指定以外はサテンステッチ
- 指定以外は2本どり
- ステッチの刺し方は p.18、p.87参照

⑨アウトラインS　チャコールグレー　3799（1）
- 数字は刺す順番
- ステッチ名　※S=ステッチ　※指定以外はサテンステッチ
- 色名　DMC刺しゅう糸の色番号
- 糸の本数　※指定以外は2本どり

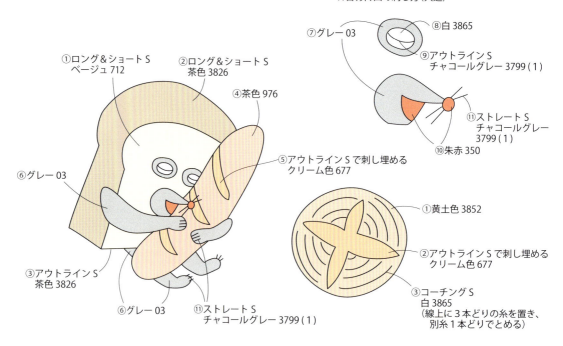

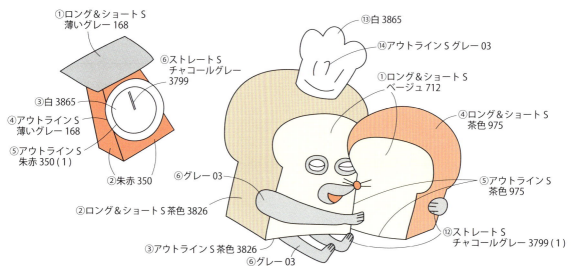

実物大刺しゅう図案

p.7
かくれみのじゅつ、はやあしのじゅつ

用意するもの
25番刺しゅう糸／色は各図案参照

ポイント
- 指定以外はサテンステッチ
- 指定以外は2本どり
- ステッチの刺し方はp.18、p.87参照

```
       ⑨アウトラインS チャコールグレー 3799 (1)
数字は
刺す順番                        色名
ステッチ名              DMC刺しゅう糸の色番号
※S=ステッチ
※指定以外はサテンステッチ      糸の本数
                              ※指定以外は2本どり
```

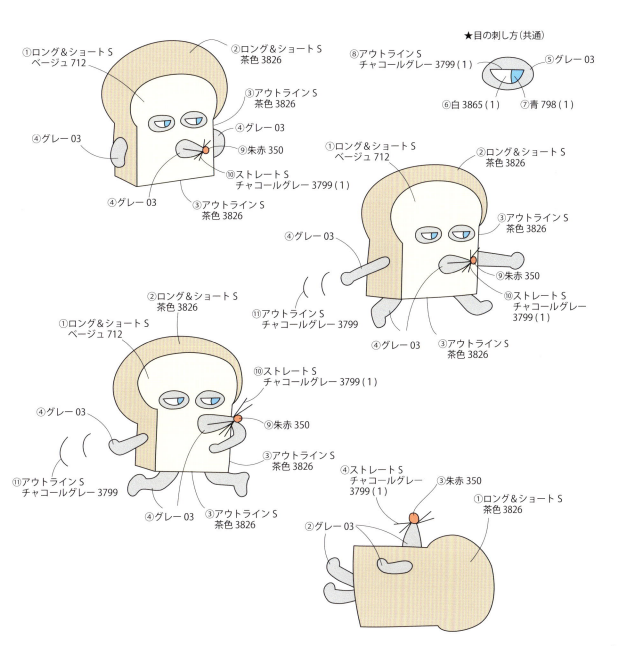

パンいろいろ

パンどろぼうの絵本にでてくる、いろんなパン。
ワンポイントステッチにかわいい！

ステッチした人＝tam-ram　　How to make ▸ p.12

ぶどうパン

ぱんだパン

かめパン

ホットドッグ

しょくパン

ピザパン

チョココロネ

ホイップパン

フランスパン

ドーナツ

ぼうしパン

うさぎパン

カップケーキ

プレッツェル

コロッケパン

ねずみパン

実物大刺しゅう図案

p.10-11
パンいろいろ

用意するもの
25番刺しゅう糸／色は各図案参照

ポイント
- 指定以外はサテンステッチ
- すべて2本どり
- ステッチの刺し方はp.18、p.87参照

⑨ アウトラインS チャコールグレー 3799
数字は刺す順番
ステッチ名
色名
DMC刺しゅう糸の色番号
※S＝ステッチ
※指定以外はサテンステッチ

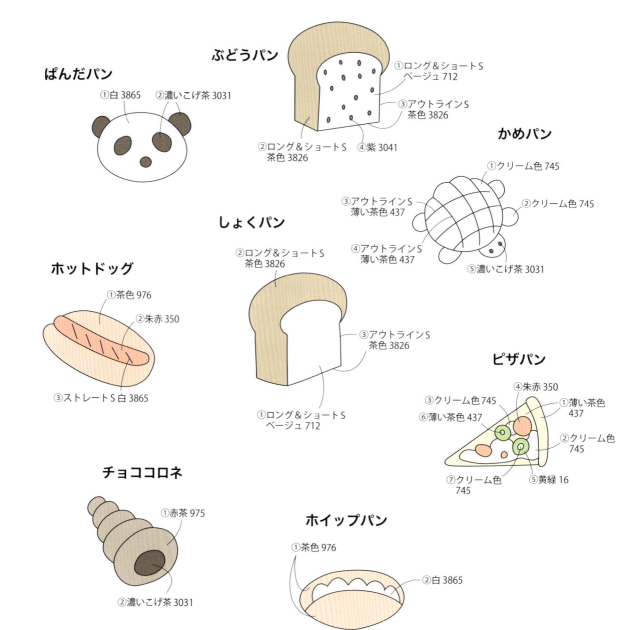

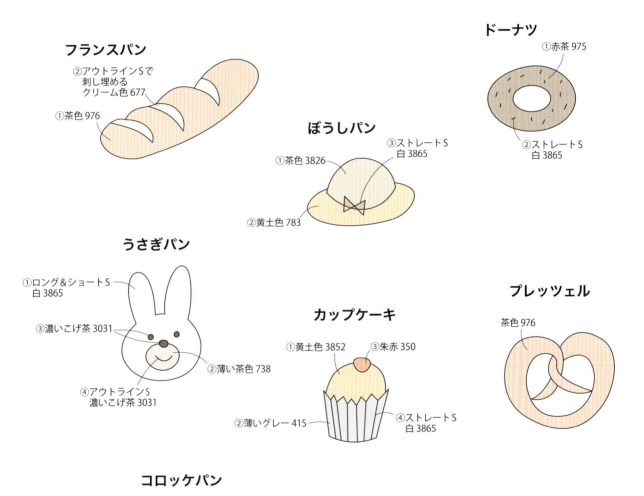

やめられない

あたらしい　じぶん

まずい

いろんな
パンどろぼう

絵本の名シーンの
パンどろぼうの図案です。

ステッチした人＝FABBRICA
How to make ▶ p.52

Let's stitching
刺しゅうのきほん

ステッチ（刺しゅう）をはじめる前に知っておきたい、
道具のことや糸の扱い方、刺しゅうの刺し方などをまとめました。

◆ よういするもの

❶手芸用複写紙
図案を布に転写できるシート。水で消える、片面タイプがおすすめ。

❷トレーシングペーパー
図案が透けて見える紙。図案を写すときに使用。

❸セロハン（またはOPP袋）
図案を写すときに、あると便利。トレーシングペーパーが破けないよう重ねて使う。

❹布
リネンやコットンが扱いやすい。図案を写す前に、水通し・地直しをしておこう。

❺刺しゅう枠
布をピンと張って刺しやすくするための枠。直径12〜15cmのものが扱いやすい。

❻フランス刺しゅう針
針穴が大きくて先がとがっている刺しゅう用の針。針の号数が大きくなるほど、細く、短くなる。

❼糸通し
うまく針に糸を通せない場合、あると便利。

❽糸切りばさみ
刃先が細くて薄い、よく切れるものがおすすめ。

❾トレーサー
図案を写すときに図案をなぞるのに使用。インクのでなくなったボールペンでもOK。

❿裁ちばさみ
布やフェルトを切るときに使用。切れ味のよい、布専用のものを。

⓫25番刺しゅう糸
細い糸6本が撚り合わさっている綿100%の糸。

🍞 刺しゅう糸の扱い方

1	2	3
	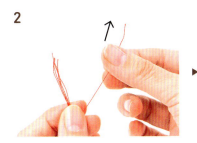	
ラベルを外さず、糸端を6本どりのまま引き出して、50〜60cmでカット。	6本の撚りをほぐし、ほぐした糸を1本ずつ引き抜く。	必要な本数（たとえば、3本どりなら3本）を、糸端を揃えてまとめる。この糸で刺しゅうします！

25番刺しゅう糸

この本ではDMC製の25番刺しゅう糸を使用しています。同じ色で仕上げたい場合、図案の色番号を確認して、よういしてください。

図案の写し方

きほんの写し方 手芸用複写紙を使う方法。

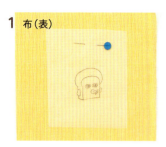

1 布（表）

トレーシングペーパー（透ける紙）に図案を写して、布にマチ針でとめる。

2 上にセロハン / 下に複写紙 / トレーシングペーパー

図案の下に手芸用複写紙を敷き、図案の上にセロハンをのせる。トレーサーなどで、上から図案の線をなぞって、布に図案を写す。

図案が写せたところ

かなり強めになぞって！　それでも線が見えにくいところは、チャコペンなどで描き足してください。

図案を写すこんな便利グッズもあります！

発売元
株式会社オルヌマン

POINT 手芸用複写紙だと写しにくい、タオル地やセーター、靴下にも図案を写しやすい！

『貼れる刺繍シート』
糊つきの水で溶ける不織布。図案が透けて見えるので上から描いて写せ、糊つきなので写した図案を布に貼れて、その上から刺せます。刺しあがったら水につければ、不織布も粘着剤もキレイに溶けて、刺しゅうだけが残ります！

1 図案を写して、布に貼って刺しゅうをする。

2 水で溶かす。

刺しゅう枠のセットの仕方

内枠 / 外枠

外枠のネジをゆるめて、内枠からはずす。

ネジは上に！

内枠に布をのせ、図案が中央にくるようにして外枠をはめ、布端を引いて布をピンと張って、図案のゆがみを整えて、ネジをしめる。

刺しゅう糸の針穴への通し方

刺しゅう針は縫い針より穴が大きいですが、
何本か重ねることが多いので(たとえば3本どりのように)、
下記の方法で通すと通しやすいです。

1
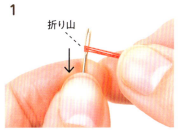
折り山

糸を写真のように針の頭にひっかけて二つ折りにする。針を下に引き抜き、糸の折り山を指先ではさんでつぶす。

2

折り山

糸の折り山を針穴に押し入れるようにして通す。

この方法でうまく通せない場合はp.15の糸通しをつかってもOK。

 ## 刺しはじめと刺しおわりの仕方

刺しはじめや終わりに玉結びや玉どめをすると、表に結んだ玉の形がひびいてしまいます。
そこで刺しゅうで、玉の形がでない糸端の始末の方法を紹介します。

ラインを刺す場合

刺しはじめ（表）
8cm

図案から少し離れたところに針を入れて、糸端を約8cm残して刺しはじめの位置に針を出す。残した糸端は、「刺しおわり」と同様に裏で糸を絡ませて始末する。

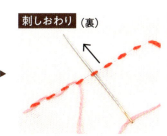
刺しおわり（裏）

裏側のステッチの目に2〜3cm分糸を絡ませて、際で余分な糸をカットする。
※ここではわかりやすいよう、糸の色をかえています。

面を刺し埋める場合

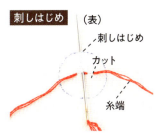
刺しはじめ（表）
刺しはじめ
カット
糸端

図案の中心で2、3目縫って1目返し縫いしてから、刺しはじめの位置に針を出す。糸端は際でカットする。そして2、3目縫った上を刺し埋める。

刺しおわり（裏）

裏側の刺しゅうの糸に返し縫いの要領で2回ほど通して、際で余分をカットする。
※ここではわかりやすいよう、糸の色をかえています。

― POINT ―
糸端は同じ色の糸に通して始末しよう

刺しおえたら

水を含ませたタオルなどでたたいて図案の線を消してから、刺しゅうのふっくら感をつぶさないように布の裏側からアイロンをかける。

よく使うステッチの刺し方 ※他のステッチはp.87参照

面を埋めるステッチ

主にこの2種類で埋めることが多い！
他に、チェーンステッチや
アウトラインステッチで埋めることもあるよ。

サテンステッチ

糸を平行にすき間なく刺して埋めるステッチ。

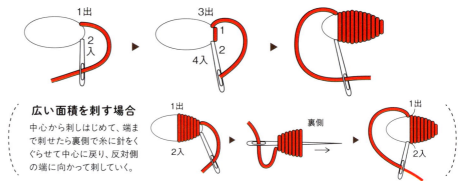

広い面積を刺す場合
中心から刺しはじめて、端まで刺せたら裏側で糸に針をくぐらせて中心に戻り、反対側の端に向かって刺していく。

ロングアンドショートステッチ

短い針目と長い針目で面を刺し埋めるステッチ。2段目からは前の段に少し重なるように刺します。

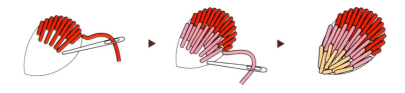

線を描くステッチ

この他に、バックステッチや
チェーンステッチなどで描くこともあるよ(p.87)。

アウトラインステッチ

針目を半分ずつずらしながら刺すステッチ。

※2と5は同じ位置。

角の刺し方
角（★）まで刺したら、布の裏側で糸に針をくぐらせ、★から針を出して刺し進める。

図案の見方と刺し方のポイント

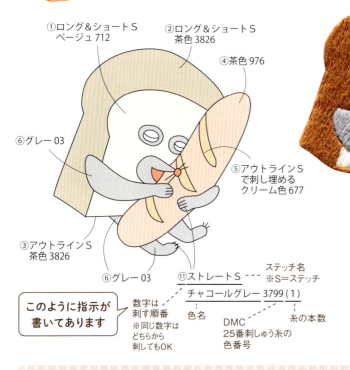

①ロング＆ショートS ベージュ 712
②ロング＆ショートS 茶色 3826
④茶色 976
⑥グレー 03
⑤アウトラインSで刺し埋める クリーム色 677
③アウトラインS 茶色 3826
⑥グレー 03
⑪ストレートS

ステッチ名 ※S＝ステッチ
チャコールグレー 3799（1）
色名　DMC 25番刺しゅう糸の色番号　糸の本数

このように指示が書いてあります
数字は刺す順番 ※同じ数字はどちらから刺してもOK

サテンステッチやロングアンドショートステッチで刺し埋めるときは、キレイに糸が並ぶことを意識して刺そう。たとえば、糸が2本どりの場合は、2本の糸が横にキレイに並んでいるか確認を。

POINT
図案を写したら、作品ページの写真を確認しながら刺そう

キレイに刺すコツ①
刺し進めているうちに糸がねじれてくるので、ねじれているのと反対方向に糸をくるくると回して直そう。

キレイに刺すコツ②
糸は引きすぎずゆるすぎず、引き加減を均一にして、ふっくら刺そう。強く引くと布が歪んでしまいます。

フェルト作品の型紙の写し方とのカットの仕方

型紙にトレーシングペーパーをのせて写す。またはコピー機でコピーしてもOK。

1 写した型紙を輪郭より少し大きめにカットし、フェルトにテープで貼る。

2 トレーシングペーパーごと輪郭に沿ってカットする。

小さなパーツはピンセットで持つと切りやすい！

写したトレーシングペーパーを輪郭でカットして、型にして輪郭をチャコペンで写してもOK。

刺しゅうやアップリケ部分をフェルトに写す場合

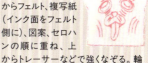

図案をトレーシングペーパーに写し、下からフェルト、複写紙（インク面をフェルト側に）、図案、セロハンの順に重ね、上からトレーサーなどで強くなぞる。輪郭に沿ってフェルトをカットする。

にせパンどろぼう、なぞのフランスパン、こぶた

ユニークなキャラクターたちもステッチしてみよう。

ステッチした人＝étoffer.i　How to make ▸ p.22

にせパンどろぼう

むにゃむにゃ……

なぞの
フランスパン

こぶた

実物大刺しゅう図案

p.20-21
にせパンどろぼう、なぞのフランスパン、こぶた

ポイント
- 指定以外はサテンステッチ
- 指定以外は2本どり
- ステッチの刺し方はp.18、p.87参照

用意するもの
25番刺しゅう糸／色は各図案参照

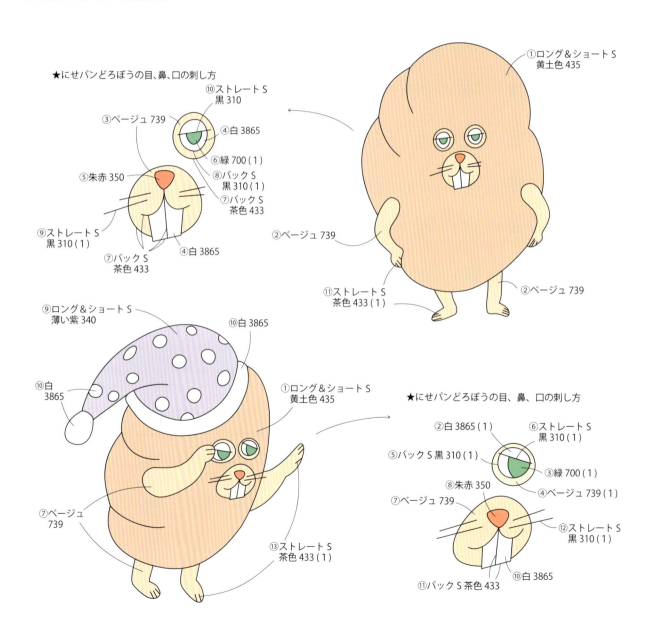

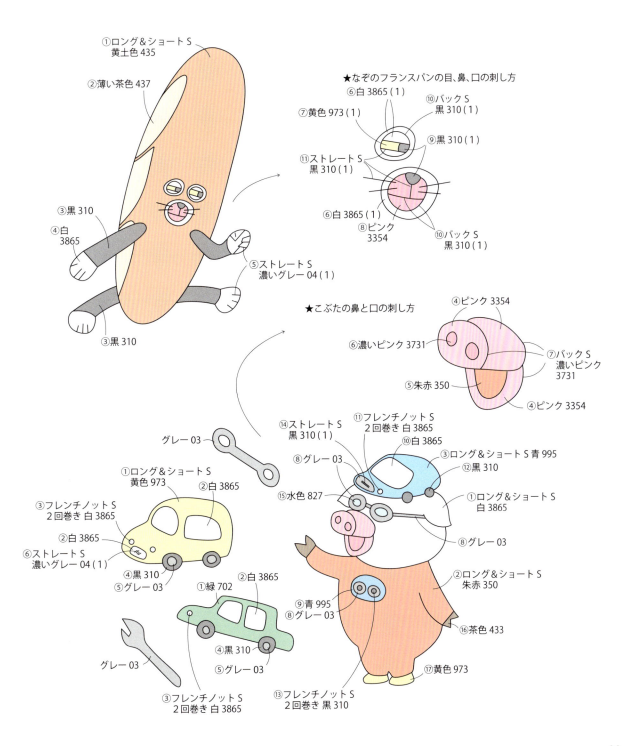

おにぎりぼうや

ストレートステッチをランダムに刺して、お米のつぶつぶ感も表現！
きゅうすやみそしるも刺しゅうするとかわいい。

ステッチした人＝FABBRICA　How to make・p.53

おにぎりぼうやの
はしぶくろと
ランチョンマット

うめぼしのおにぎりを
ワンポイント刺しゅうしたはしぶくろと、
24ページの図案を刺しゅうした
ランチョンマット。

つくった人＝FABBRICA　How to make ▶ p.54

ひもでくるくる巻くだけ。

うめ

いくら

えだまめひじき

ツナマヨ

こんぶ

おかか

やきおにぎり

おにぎりいろいろ

絵本にでてくるいろんな味の
おにぎりをステッチ。

ステッチした人＝こだいらまさこ　How to make ▶ p.28

あかしそ

てんむす

からあげ

実物大刺しゅう図案

p.26-27 おにぎりいろいろ

ポイント
- 指定以外はサテンステッチ
- 指定以外は3本どり
- おにぎりの米粒の刺し方はすべて「うめ」と同じ
- ステッチの刺し方はp.18、p.87参照

凡例：⑨ アウトラインS チャコールグレー 3799(1)
- 数字は刺す順番
- ステッチ名 ※S=ステッチ
- 色名 DMC刺しゅう糸の色番号
- 糸の本数 ※指定以外は3本どり
- ※指定以外はサテンステッチ

用意するもの
25番刺しゅう糸／色は各図案参照

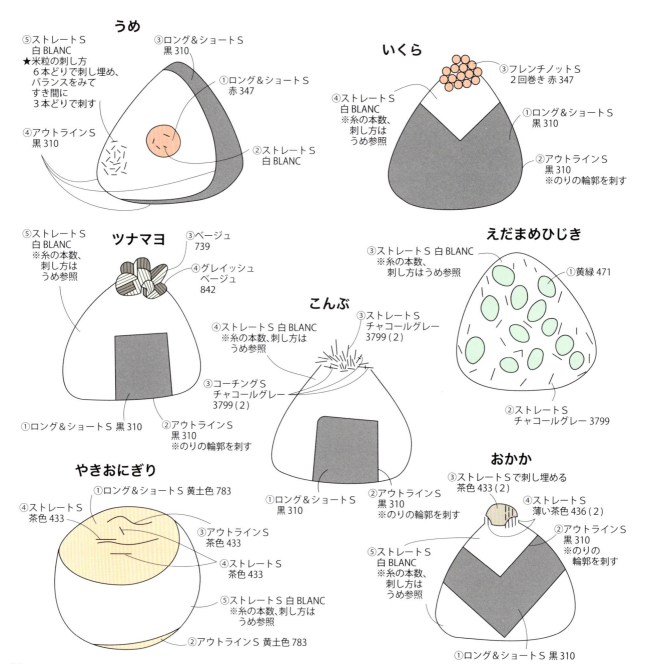

あかしそ

- ③ストレートS 白 BLANC
  ※糸の本数、刺し方はうめ参照
- ①ストレートSで刺し埋める 薄紫153(6)
- ②ストレートS 紫552(2)

てんむす

- ⑥オレンジ 721
- ⑤山吹色 3854
- ④生成り ECRU
- ⑥オレンジ 721
- ③ロング&ショートS 黄土色 729
- ⑦ストレートS 白 BLANC
  ※糸の本数、刺し方はうめ参照
- ①ロング&ショートS 黒 310
- ②アウトラインS 黒 310
  ※のりの輪郭を刺す

からあげおにぎり

- ③ロング&ショートS 茶色 433
- ④サテンS 薄い茶色 436
- ①ロング&ショートS 黒 310
- ⑤ストレートS 白 BLANC
  ※糸の本数、刺し方はうめ参照
- ②アウトラインS 黒 310
  ※のりの輪郭を刺す

★おにぎりぼうやの目、鼻、口の刺し方

- ⑤ストレートS チャコールグレー 3799(1)
- ①赤 816(1)
- ③アウトラインS チャコールグレー 3799(1)
- ④ロング&ショートS グレー03
- ②アウトラインS 濃いグレー04(2)
- ⑨グレー03(1)
- ⑩ストレートS 黒310(2)
- ⑧バックS 濃いグレー04(1)
- ⑥青 798(1)
- ⑦白 BLANC(1)

おにぎりぼうや

★米粒の刺し方
⑦④の順に刺す

- ⑦レイジーデイジーS 薄い水色 928(2)
- ④ストレートS 白 BLANC(6)
- ⑯米粒を刺し埋める

- ④ストレートSで刺し埋める 白 BLANC
- ①アウトラインS 白 BLANC(1)
- ②黒 310(2)
- ③アウトラインS 黒 310(1)
  ※のりの輪郭を刺す
- ⑤ロング&ショートS 黄土色 729
- ⑥アウトラインS 黄土色 729(1)

- ⑫アウトラインS 黒 310
  ※のりの輪郭を刺す
- ⑪ロング&ショートS 黒 310
- ⑮ストレートS 濃いグレー04(2)
- ⑬ロング&ショートS グレー03
- ⑭アウトラインS 濃いグレー04(2)
- ⑬ロング&ショートS グレー03
- ⑭アウトラインS 濃いグレー04(2)

パンどろぼう1色ステッチ

1色で手軽に刺せる、パンどろぼう、にせパンどろぼう、
なぞのフランスパンとパンのステッチ。いろんな色で刺してみて。

ステッチした人=tam-ram　　How to make ▶ p.56

30ページの図案でつくるポーチ。
布の色と刺しゅう糸の色でオリジナリティをだしてみて！

つくった人=tam-ram　How to make ▶ p.58

パンどろぼう 1色ステッチのフラットポーチ

おにぎりぼうや1色ステッチ

1色で手軽に刺せる、おにぎりぼうや、おとうさん、
おかあさんとおにぎりのステッチ。いろんな色で刺してみて。

ステッチした人=こだいらまさこ　How to make ▶ p.57

おにぎりぼうやや1色ステッチのスマホショルダー

32ページの図案を刺してつくったショルダー。スマホやちょっとしたものの持ち運びに便利！

つくった人＝こだいらまさこ
How to make ▶ p.60

2 いとしのフェルトこもの＆アップリケこもの

おままごとやコインケース、ポシェットなど、
フェルトでつくるグッズから、
キャラクターをフェルトでアップリケしたグッズまで。
つくって使いたいアイテムがいっぱいです！

おにぎりぼうやと パンどろぼうの コインケース

おにぎりぼうやとパンどろぼう形の
かわいいコインケース。
ファスナーつきなので、
ポーチとして小物入れにしてもgood。

つくった人=松田恵子　　How to make・p.36

p.35 おにぎりぼうやとパンどろぼうのコインケース

実物大型紙p.86

(できあがりサイズ(約))
パンどろぼう=縦9×横9.5cm
おにぎりぼうや=縦9.5×横10cm

(用意するもの)
[パンどろぼう]
フェルト／黄土色(RN-34)2枚、アイボリー(RN-24)・グレー(RN-16)各½枚、青(RN-46)・朱赤(RN-23)・白(RN-1)各適量
布地／コットン(茶色)30×15cm
25番刺しゅう糸／フェルトと同色、黒、チャコールグレー
[おにぎりぼうや]
フェルト／白(RN-1)2枚、グレー(RN-16)・黒(RN-31)各½枚、朱赤(RN-23)・青(RN-46)各適量
布地／コットン(ブルー)30×15cm
25番刺しゅう糸／フェルトと同色、黒、チャコールグレー
[パンどろぼう・おにぎりぼうや共通]
その他／10cmファスナー(ベージュ・白)1本、布地と同色の手縫い糸(または60番ミシン糸)

(つくり方のポイント)
・数字の単位はcm
・パーツを縫うときはすべてフェルトと同色の刺しゅう糸1本どり
・本体は縫い代をつけて返し縫いで縫う(ミシンでもOK)

パンどろぼう
内布の裁ち方図

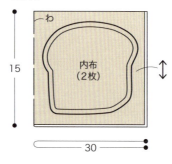

① 各パーツをつくる

<目>
❶ 図のようにパーツを重ねて接着剤で貼る
❷ 刺しゅうをする
ストレートS 黒2本どり

<ひげ>
刺しゅう糸(黒)2本どりを2本カットする

2本を合わせて中央を結ぶ

形を整えて接着剤を塗り、乾いたらカットする

接着剤で鼻口部パーツに貼り、鼻先パーツを上に貼る

<鼻、手、足>
鼻口部、右手、足の前面に刺しゅうをし、後ろ面と合わせて周囲を巻きかがる

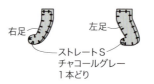

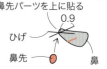

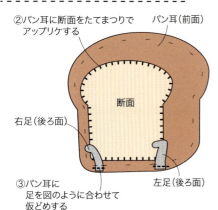

② パン耳に断面をたてまつりでアップリケする
③ パン耳に足を図のように合わせて仮どめする

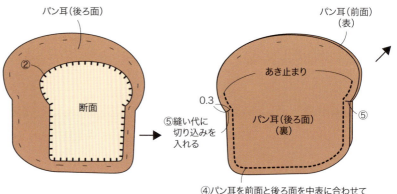

⑤ 縫い代に切り込みを入れる

④ パン耳を前面と後ろ面を中表に合わせてあき止まりからあき止まりまでを縫う
※右足の先を縫い込まないよう注意!

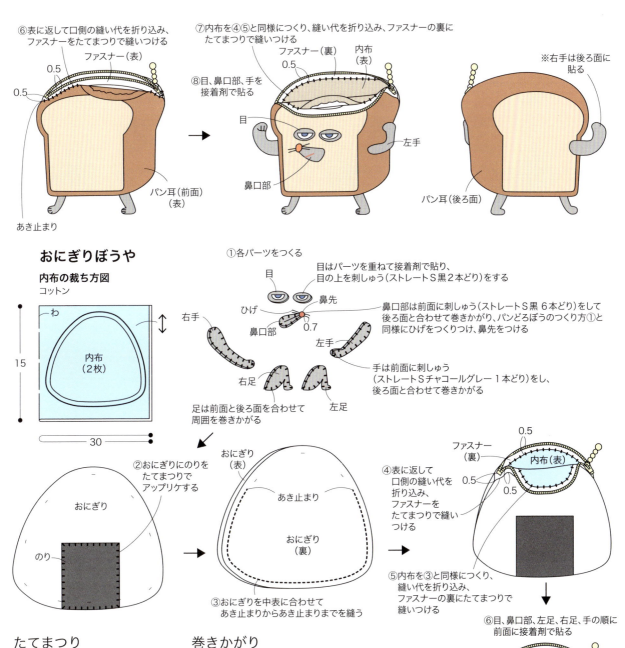

おにぎりのおままごと

絵本『パンどろぼう おにぎりぼうやのたびだち』の世界が楽しめる「おにぎり」のおままごと。

つくった人＝鎌倉 恵　　How to make ▶ p.62-69

おにぎりのおままごと

おにぎりをはじめ、つけものやみそしる、はしやゆのみまで、
フェルトでつくれます！ おにぎりをにぎるおままごとも楽しめます
（おにぎりのあそび方→p.40参照）。

いろんな味のおにぎり

うめ

こんぶ

えだまめひじき

おにぎりのあそび方

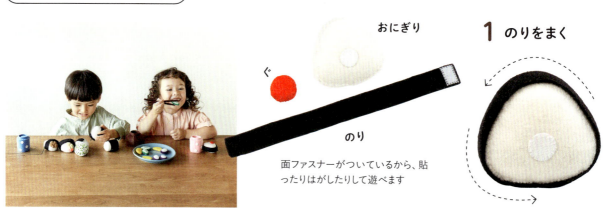

おにぎり
ぐ
のり

面ファスナーがついているから、貼ったりはがしたりして遊べます

1 のりをまく

おにぎりのおままごと

てんむす

からあげ

2 ぐをつける　　3 うめぼしのおにぎりかんせい！

他のおにぎりも！

おにぎり
のり
ぐ

→ てんむす

くるっとまいて

→ たわらのおにぎり

41

パンどろぼうのミニバッグ、
にせパンどろぼうのポシェット

フェルトでつくるキャラクター形の
ミニバッグとポシェット。
肩ひもと持ち手をチェンジして、
パンどろぼうのポシェット、
にせパンどろぼうのミニバッグにしてもOK！
つくった人＝松田恵子　How to make ▶ p.70

通園通学3点セット

レッスンバッグ、体操着袋、上ばき入れの3点セット。それぞれ、ポケットに絵本の表紙の絵柄をアップリケしました！

つくった人＝鎌倉 恵　　How to make ▶ p.74

ショルダーバッグ

パンどろぼうを
ふたにアップリケした、
ラウンド形のショルダーバッグ。

つくった人=くぼでらようこ How to make ▶ p.80

Open!

入れ口にゴムを通しているので、中のものが落ちずに使いやすい！

フェルトワッペン

キャラクターをアップリケしたワッペン。
既製のバッグやポーチにつければ、
すぐにパンどろぼうたちのグッズになります！

つくった人＝松田恵子　　How to make ▶ p.84

3 HOW TO MAKE
つくり方

つくりはじめる前に

実物大刺しゅう・アップリケ図案&型紙について

- 刺しゅう図案やフェルトなどの型紙は実物大で掲載しています。図案の写し方はp.16、p.19を参照してください。また刺しゅうの図案の見方はp.19を参照してください。

- 下記の二次元コードもしくは、URLより、図案&型紙のPDFデータをダウンロードすることもできます。こちらの場合は、必要な図案もしくは型紙をA4サイズの用紙にプリントアウトしてご使用ください。

便利！刺しゅう図案&型紙データダウンロード！

ID（ユーザー名）：pandorobou2
PASS（パスワード）：stitch&komono2

https://kdq.jp/7tigx

●PC・スマートフォン対象（機種により対象外の場合あり）。●ダウンロードにかかる通信料はお客様のご負担となります。●第三者やSNS等ネット上での公開・配布は固くお断りいたします。●システム等のやむを得ない事情により予告なく公開を中断・終了する場合があります。●2025年2月時点の情報です。

材料について

- フェルトは、20cm角（ウォッシャブルフェルトは18cm角）のものを基準に用意する枚数を記載しています。サンフェルトの色番号を明記しています。

- 刺しゅう作品の刺しゅう糸はDMCの色番号を明記しています。

つくり方について

- ステッチの刺し方はp.18とp.87を参照してください。

- 刺しゅうする作品の生地は、基本的に大きめに用意し、刺しゅうをしてから指定の寸法にカットして仕立ててください。

- 目など細かいパーツは接着剤で貼る場合もあります。小さなお子さんが口にしないようご注意ください。

- 特に指定のない数字の単位はcmです。

p.5 パンどろぼうの ミニ巾着

実物大刺しゅう図案 p.51

できあがりサイズ(約)

縦14×横12cm

用意するもの

布地／コットン(チェック ベージュ×赤) 20×30cm、コットンシャンブレー(赤) 35×30cm

25番刺しゅう糸／グレー 03、朱赤 350、クリーム色 677、ベージュ 712、茶色 976、ブルー 3760、チャコールグレー 3799、茶色 3826、白3865

その他／直径0.3cmのひも(赤)90cm、布地と同色の60番ミシン糸

つくり方のポイント

・数字の単位はcm
・外布は刺しゅうをしてから裁つ

布地・素材提供／生地のマルイシ
綿ポリウォンド―チェック(レッド)、綿ポリ無地(レッド)、3mmアクリルひも(ガーネット)

製図と裁ち方図

※( )内は縫い代寸法、指定以外は1cm

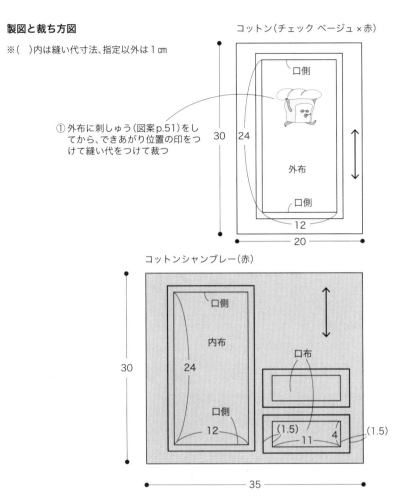

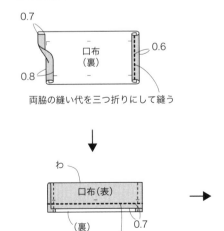

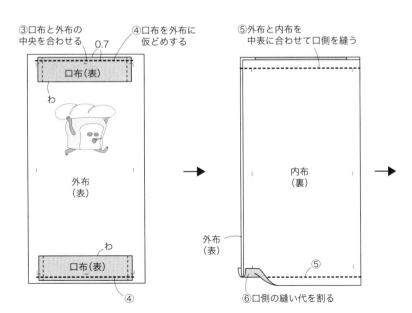

実物大刺しゅう図案と刺しゅうの位置 ※ステッチの刺し方はp.18、p.87参照

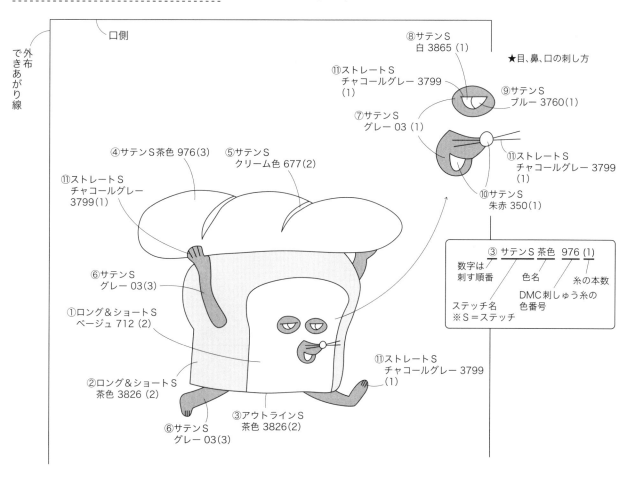

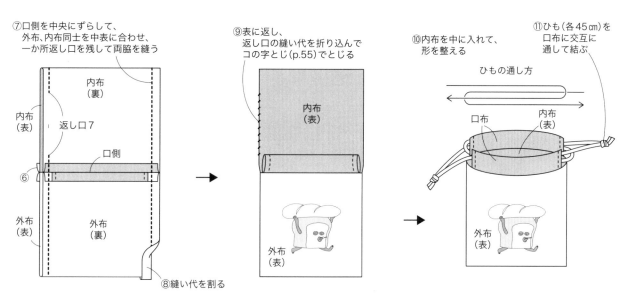

p.14
いろんな
パンどろぼう

┏━用意するもの━┓
25番刺しゅう糸／色は各図案参照

┏━刺し方のポイント━┓
・指定以外はサテンステッチ
・指定以外は2本どり

布地提供／生地のマルイシ
綿ポリ交織ダンガリーギンガム5mm（イエロー）、綿ポリ交織ダンガリーストライプ5mm（ベージュ）、オリジナルシーチング（#2秋空）

実物大刺しゅう図案
※ステッチの刺し方はp.18、p.87参照

①ロング＆ショートS　アイボリー　3033（1）
数字は刺す順番　ステッチ名
色名　DMC刺しゅう糸の色番号
糸の本数
※S＝ステッチ
※指定以外はサテンステッチ
※指定以外は2本どり

やめられない
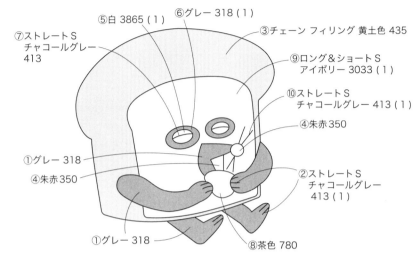
⑤白 3865（1）
⑥グレー 318（1）
③チェーン フィリング 黄土色 435
⑦ストレートS チャコールグレー 413
⑨ロング＆ショートS アイボリー 3033（1）
⑩ストレートS チャコールグレー 413（1）
④朱赤 350
①グレー 318
④朱赤 350
②ストレートS チャコールグレー 413（1）
①グレー 318
⑧茶色 780

あたらしい　じぶん
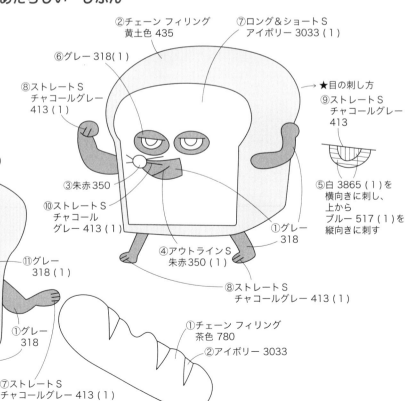
②チェーン フィリング 黄土色 435
⑦ロング＆ショートS アイボリー 3033（1）
⑥グレー 318（1）
⑧ストレートS チャコールグレー 413（1）
★目の刺し方
⑨ストレートS チャコールグレー 413
③朱赤 350
⑩ストレートS チャコールグレー 413（1）
①グレー 318
⑤白 3865（1）を横向きに刺し、上からブルー 517（1）を縦向きに刺す
④アウトラインS 朱赤 350（1）
⑧ストレートS チャコールグレー 413（1）
①チェーン フィリング 茶色 780
②アイボリー 3033

★鼻と口の刺し方
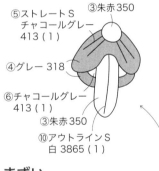
⑤ストレートS チャコールグレー 413（1）
③朱赤 350
④グレー 318
⑥チャコールグレー 413（1）
③朱赤 350
⑩アウトラインS 白 3865（1）

まずい
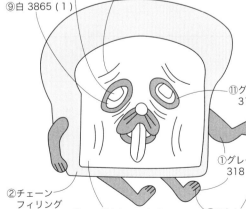
⑧ブルー 517（1）
⑬アウトラインS 黄土色 783（1）
⑨白 3865（1）
⑪グレー 318（1）
①グレー 318
②チェーン フィリング 黄土色 435
⑫ロング＆ショートS アイボリー 3033（1）
⑦ストレートS チャコールグレー 413（1）

p.24
おにぎりぼうや

実物大刺しゅう図案
※ステッチの刺し方はp.18、p.87参照

```
⑧ ストレートS チャコールグレー 413 (1)
数字は刺す順番   色名   DMC刺しゅう糸の色番号
ステッチ名              糸の本数
※S＝ステッチ
※指定以外はサテンステッチ  ※指定以外は2本どり
```

用意するもの
25番刺しゅう糸／色は各図案参照

刺し方のポイント
・指定以外はサテンステッチ
・指定以外は2本どり

布地提供／CHECK&STRIPE
やさしいリネン（ミンティー）

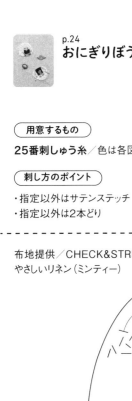

★目、鼻、口の刺し方
③ストレートS 黒 310
①グレー 318 (1)
②白 3865 (1)を横向きに刺し、上からブルー 517 (1)を縦向きに刺す
⑥朱赤 350
④グレー 318
⑨ストレートS チャコールグレー 413 (1)

⑧ストレートSで向きをランダムに、ところどころ重ねながら埋める 白 3865 (6)
⑦ロング＆ショートS 黒 310
⑤グレー 318
⑨ストレートS チャコールグレー 413 (1)

④アウトラインS 緑 986
③緑 986
①黄緑 988
③緑 986
①黄緑 988
④アウトラインS 緑 986
②アウトラインSで刺し埋める 黄緑 988
④アウトラインS 緑 986

①茶色 801
④ストレートS 緑 986 (6)
②アウトラインSで刺し埋める 薄い茶色 437
③白 3865

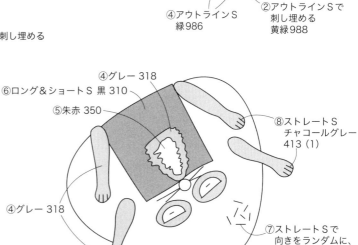

④グレー 318
⑥ロング＆ショートS 黒 310
⑤朱赤 350
⑧ストレートS チャコールグレー 413 (1)
④グレー 318
⑦ストレートSで向きをランダムに、ところどころ重ねながら埋める 白 3865 (6)

★目、鼻、口の刺し方
⑤朱赤 350
①グレー 318 (1)
⑧ストレートS チャコールグレー 413 (1)
③ストレートS 黒 310
②白 3865 (1)を縦向きに刺し、上からストレートS ブルー 517 (6)を横向きに刺す

p.25 おにぎりぼうやの はしぶくろと ランチョンマット

実物大刺しゅう図案
p.54（おにぎり）
p.53（おにぎりぼうや）

できあがりサイズ（約）

ランチョンマット＝縦25×横35cm
はしぶくろ＝縦5×横20cm

用意するもの

布地／リネン（グリーン）70×40cm、リネン（ココア色）90×30cm
25番刺しゅう糸／黒 310、グレー 318、朱赤 350、チャコールグレー 413、ブルー 517、白3865
その他／直径0.3cmのひも（ベージュ）30cm、布地と同色の60番ミシン糸

つくり方のポイント

・数字の単位はcm
・はしぶくろは外布に刺しゅうをしてから裁ち、ランチョンマットは前面を縫い合わせてから刺しゅうをする

布地提供／fabric bird
カラーリネン ココア（120）

はしぶくろの 実物大刺しゅう図案と刺しゅうの位置

※ステッチの刺し方はp.18、p.87参照

① ストレートS 白 3865 (6)
数字は刺す順番　色名　糸の本数
ステッチ名　　　　　DMC刺しゅう糸の
※S＝ステッチ　　　色番号

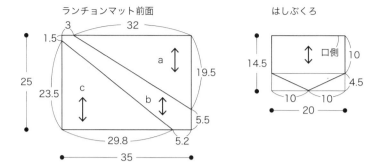

製図

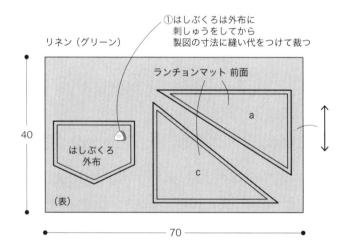

裁ち方図

※すべて製図の寸法に縫い代1cmをつけて裁つ

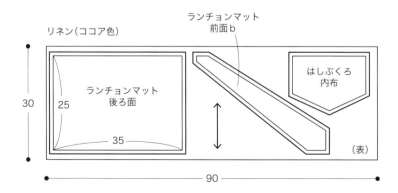

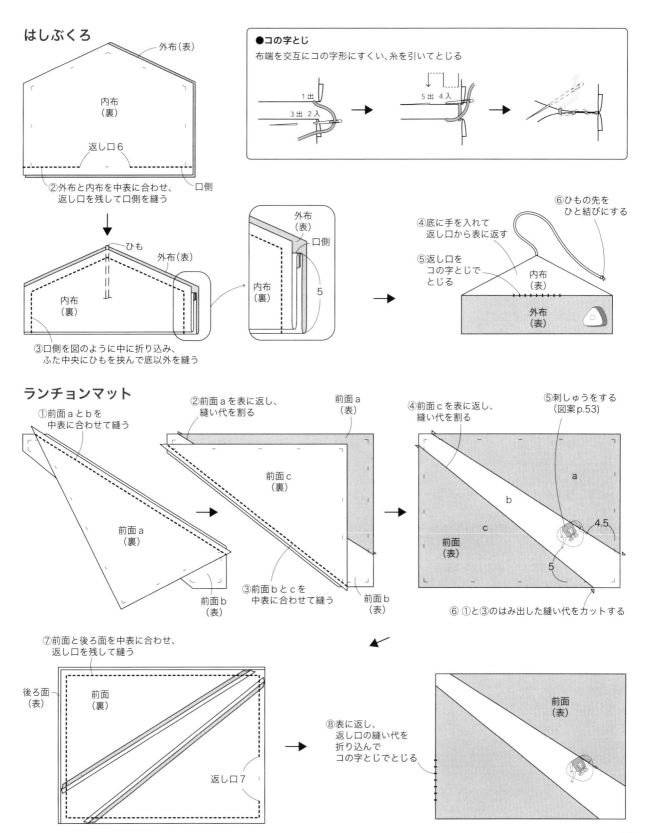

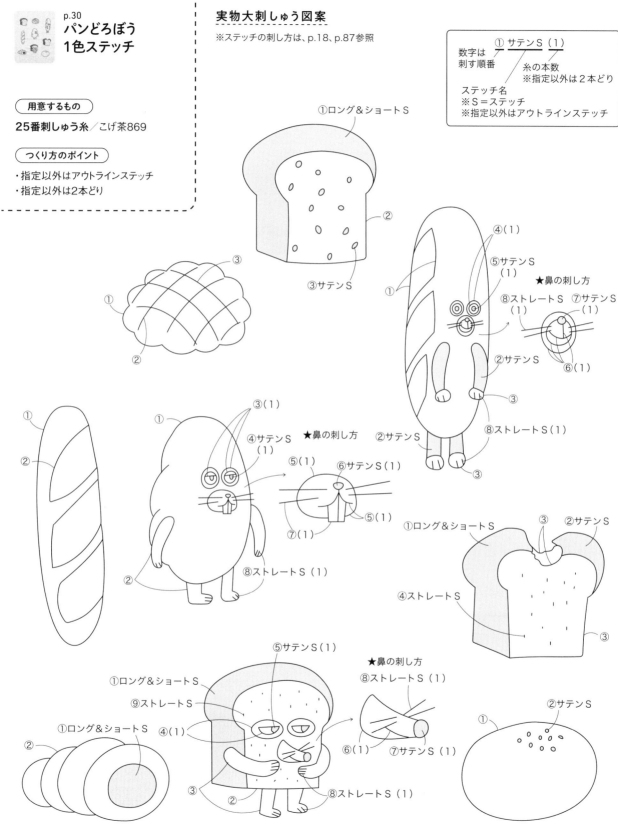

p.32
おにぎりぼうや 1色ステッチ

用意するもの
25番刺しゅう糸／こげ茶869

つくり方のポイント
・指定以外は1本どり

実物大刺しゅう図案
※ステッチの刺し方は、p.18、p.87参照

★目の刺し方
おにぎりぼうや・おとうさん
⑤バックS
⑥サテンS

おかあさん
⑦ストレートS
⑥サテンS
⑤バックS

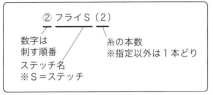

★ふちどりの刺し方
フライS（2）
※U字になるよう刺す

★鼻の刺し方
おにぎりぼうや
⑧バックS
⑦サテンS
⑨ストレートS

おかあさん
⑧サテンS
⑨バックS
⑩ストレートS

●フライステッチ
糸のとめ方によってV字形にもY字形にもなるステッチ。
1出 2入 3出 / 1 2 3 4入

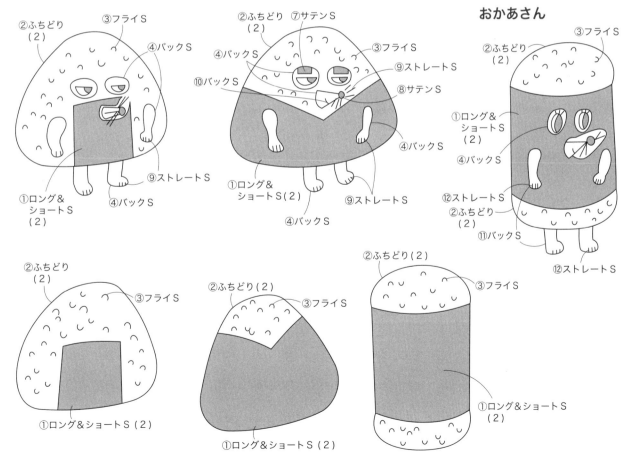

おにぎりぼうや
②ふちどり（2）
③フライS
④バックS
①ロング＆ショートS（2）
④バックS
⑨ストレートS

おとうさん
②ふちどり（2）
⑦サテンS
④バックS
③フライS
⑩バックS
⑨ストレートS
⑧サテンS
①ロング＆ショートS（2）
④バックS
⑨ストレートS

おかあさん
③フライS
②ふちどり（2）
①ロング＆ショートS（2）
④バックS
⑫ストレートS
②ふちどり（2）
⑪バックS
⑫ストレートS

②ふちどり（2）
③フライS
①ロング＆ショートS（2）

②ふちどり（2）
③フライS
①ロング＆ショートS（2）

②ふちどり（2）
③フライS
①ロング＆ショートS（2）

p.31
パンどろぼう 1色ステッチのフラットポーチ

実物大刺しゅう図案 p.56

(できあがりサイズ(約))

パンどろぼう=縦12×横13cm
パン=縦15×横21cm

(用意するもの)

[パンどろぼう]
布地/外布=リネン(ピンク)25×35cm、内布=コットン(薄いグリーン)15×30cm
25番刺しゅう糸/白3865
その他/12cmのファスナー(薄紫)1本、布地と同色の60番ミシン糸

[パン]
布地/外布=リネン(グレイッシュピンク)30×40cm、内布=コットン(薄い黄色)25×35cm
25番刺しゅう糸/ピーコックグリーン958
その他/20cmのファスナー(ピンク)1本、布地と同色の60番ミシン糸

(つくり方のポイント)

・数字の単位はcm
・外布は刺しゅうをしてから裁つ
・ポーチのつくり方は共通

パンどろぼう

①外布は大きめに用意し刺しゅう(図案p.56)をしてからできあがり位置の印をつけ、( )内の縫い代をつけて裁つ

②内布はコットンで外布と同寸に裁つ

③パンのフラットポーチと同様につくる

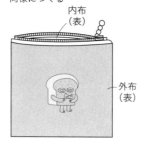

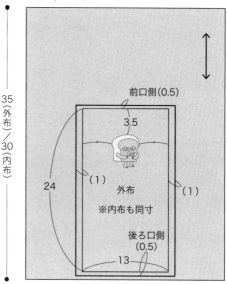

製図と裁ち方図
リネン/コットン

パン

①外布は大きめに用意してp.59の刺しゅう位置に刺しゅう(図案p.56)をしてからできあがり位置の印をつけ、( )内の縫い代をつけて裁つ

②内布はコットンで外布と同寸に裁つ

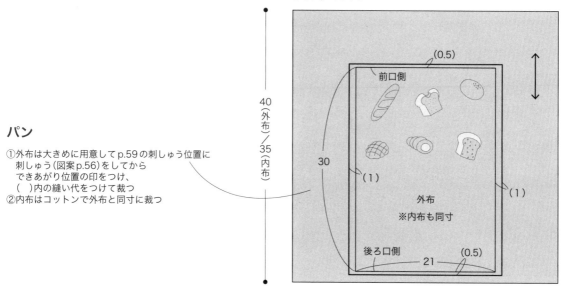

製図と裁ち方図
リネン/コットン

刺しゅうの位置

※枠内にバランスをみて p.56の実物大刺しゅう図案を配置する

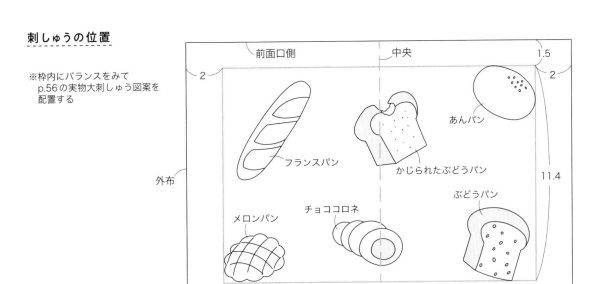

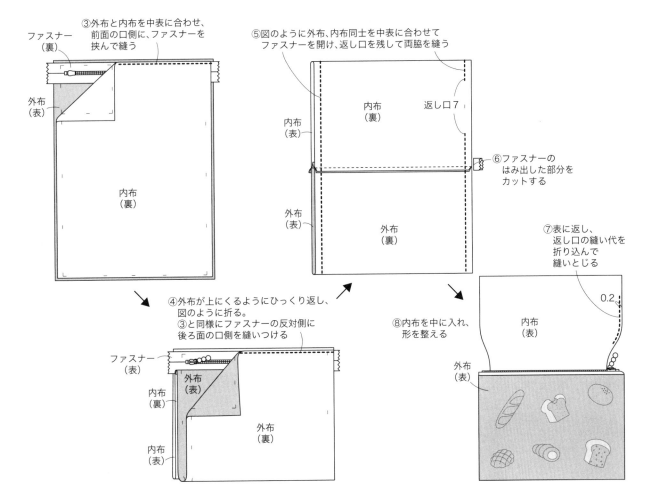

p.33
おにぎりぼうや 1色ステッチのスマホショルダー

実物大刺しゅう図案p.61

(できあがりサイズ(約))
縦18×口幅12×まち2cm

(用意するもの)
布地／リネン(グレイッシュパープル) 40×30cm、コットン(ストライプ 白×グレー) 40×30cm
25番刺しゅう糸／オレンジ 922
その他／接着芯40×30cm、2.5cm幅のグログランリボン(こげ茶) 8cm、直径0.5cmのひも(茶色) 1.3m、布地と同色の60番ミシン糸

(つくり方のポイント)
・数字の単位はcm
・外布は刺しゅうをしてから裁つ

製図と裁ち方図 ※縫い代はすべて1cmつけて裁つ

①前面外布は刺しゅう(図案p.61)をしてから、できあがり位置の印をつけて、縫い代をつけて裁つ

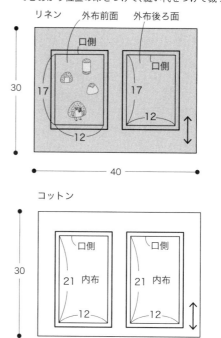

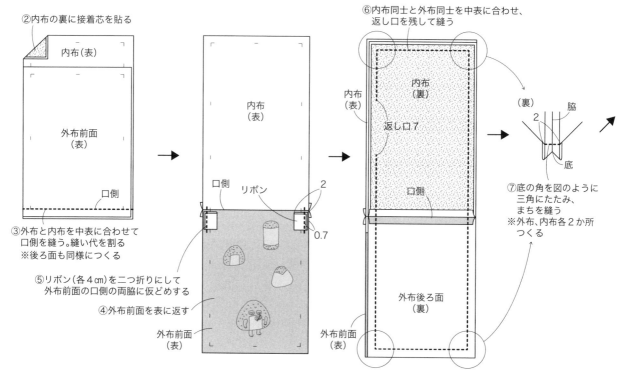

60

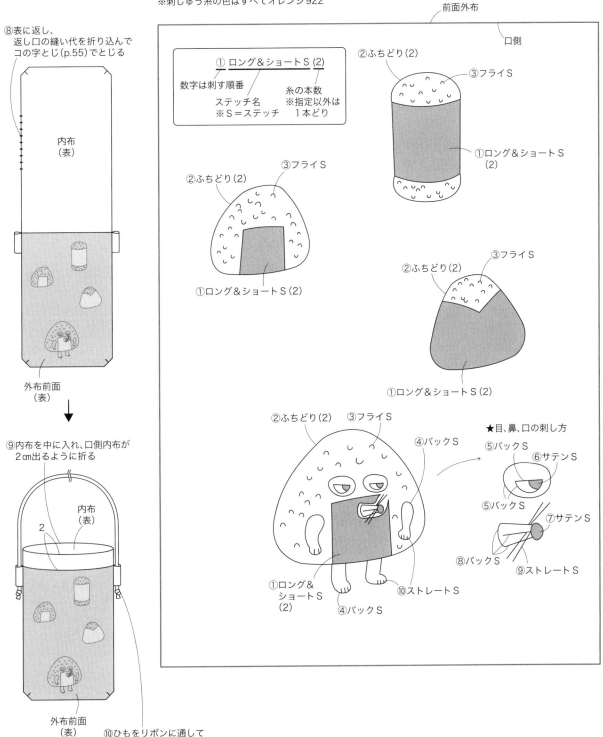

p.38-41
おにぎりの おままごと
実物大型紙p.64

できあがりサイズ（約）
縦6×横6.5×厚さ2cm
たわらのみ＝直径4×長さ5cm

用意するもの
[共通]
25番刺しゅう糸／フェルトと同色
その他／手芸用わた適量
[さんかく]
フェルト／白（701）1枚、黒（790）¼枚
その他／1cm幅面ファスナー4cm
[うめ]
フェルト／白（701）・黒（790）1枚、朱赤（114）適量
その他／1cm幅面ファスナー1.8cm、直径1.5cm面ファスナー1組
[えだまめひじき]
フェルト／白（701）1枚、黄緑（453）¼枚
25番刺しゅう糸／黒
[てんむす]
フェルト／白（701）・黒（790）各1枚、クリーム色（331）¼枚、朱赤（114）・ピンク（105）各適量
その他／直径1.5cm面ファスナー1組
[こんぶ]
フェルト／白（701）1枚、黒（790）½枚
その他／1cm幅面ファスナー4cm、1.5cm幅面ファスナー2cm
[からあげ]
フェルト／白（701）1枚、黒（790）½枚、薄茶（219）¼枚
その他／1cm幅面ファスナー4cm、直径1.5cm面ファスナー1組
[たわら]
フェルト／白（701）1枚、黒（790）½枚
その他／1cm幅面ファスナー3.5cm

つくり方のポイント
・縫うときはフェルトと同色の刺しゅう糸1本どりで巻きかがり、たてまつり（p.37）をする

おにぎりのつくり方（共通）

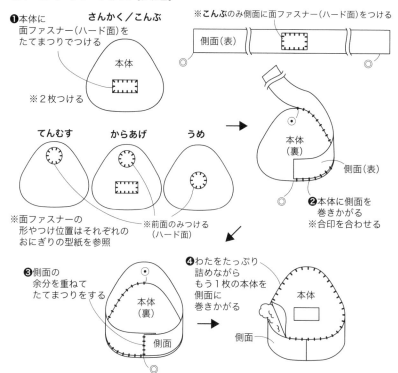

のりのつくり方

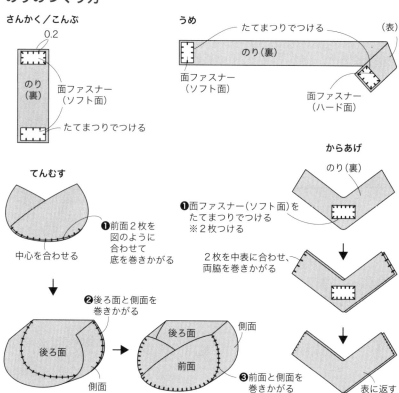

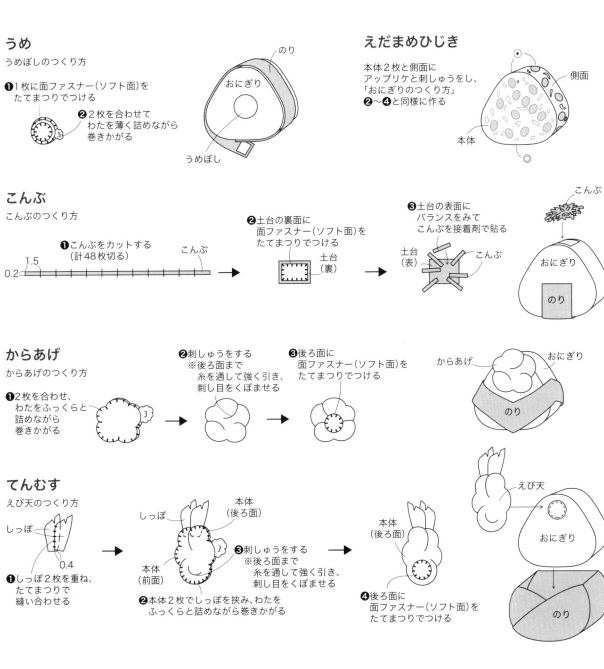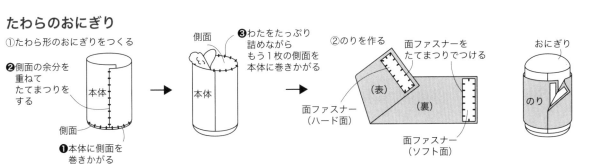

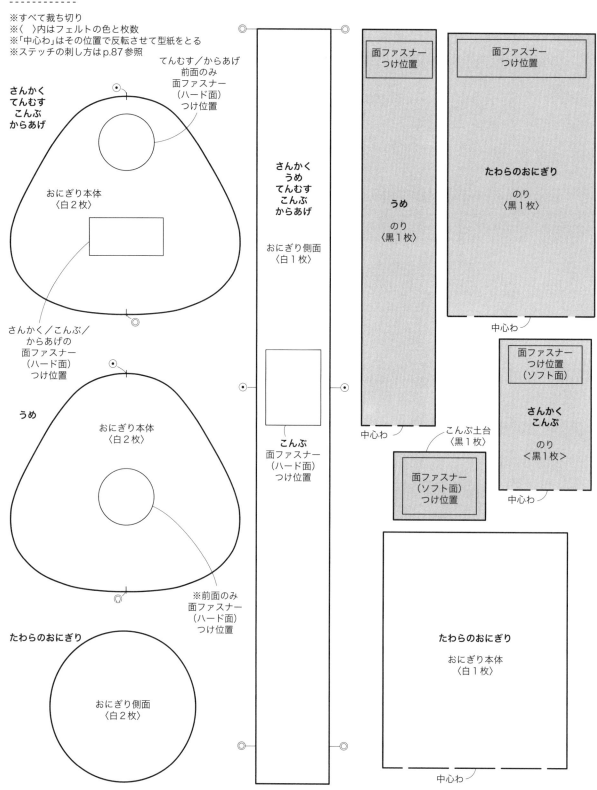

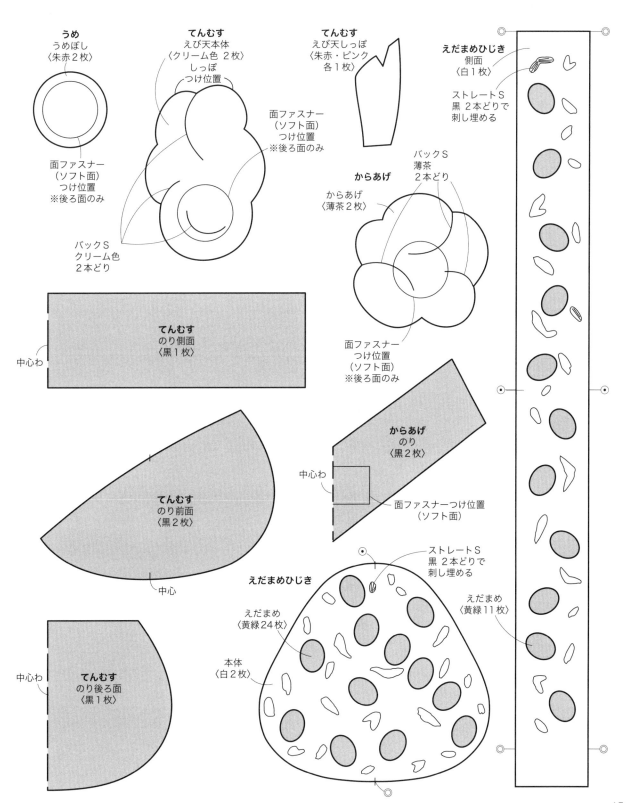

p.39 おにぎりのおままごと（みそしる・はし・ゆのみ）

実物大型紙p.68

できあがりサイズ（約）
みそしる＝直径8.5×高さ5cm
はし＝長さ15.5cm
ゆのみ＝直径5.5×高さ6.5cm

用意するもの
[共通]
25番刺しゅう糸／フェルトと同色
[みそしる]
フェルト／こげ茶（237）1と½枚、薄茶（219）1枚、白（703）・緑（446）各適量
その他／キルトわた20cm角、厚紙15×10cm、手芸用わた適量
[はし]
フェルト／こげ茶（237）½枚
その他／長さ15cmの円形はし1膳
[ゆのみ]（1点分、A青 Bピンク）
フェルト／A青（RN-46）・Bピンク（RN-37）・白（701）各1枚
その他／キルトわた20cm角、厚紙20cm角

つくり方のポイント
・縫うときはフェルトと同色の刺しゅう糸1本どりで巻きかがり、たてまつり（p.37）をする

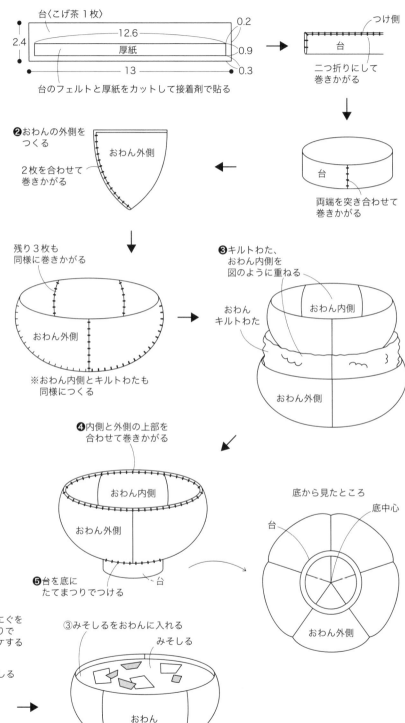

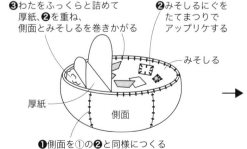

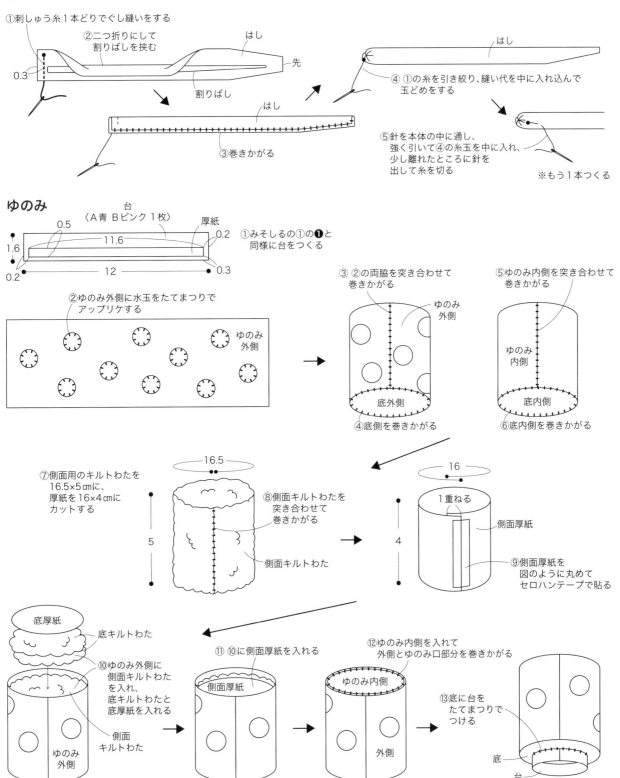

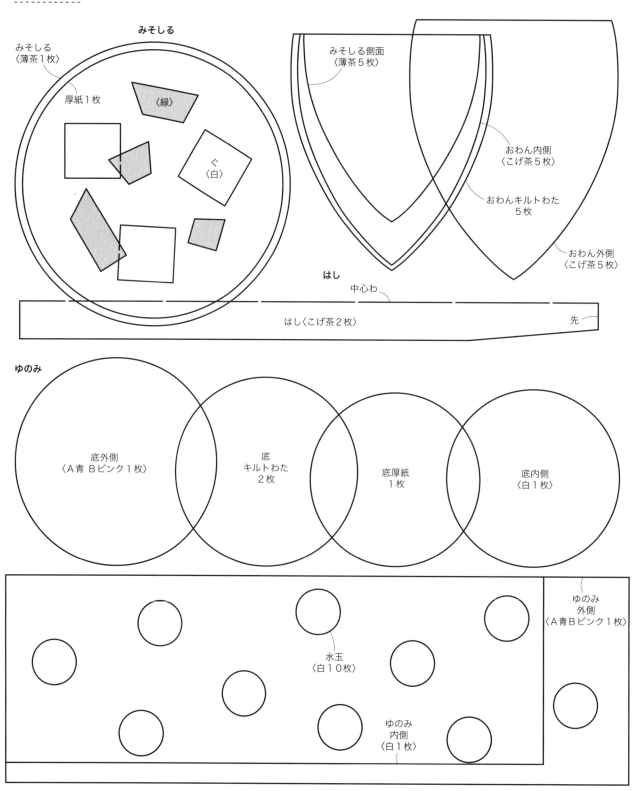

p.39
おにぎりのおままごと（つけもの）
実物大型紙p.69

できあがりサイズ（約）
たくあん＝縦2.3×横4.5×厚さ0.7cm
きゅうり＝縦5×横3cm
なす＝縦5×横3.5cm

用意するもの（1個分）
［共通］
25番刺しゅう糸／フェルトと同色
その他／手芸用わた
［たくあん］
フェルト／黄色（383）½枚
その他／厚紙10×5cm
［きゅうり］
フェルト／ペパーミントグリーン（405）・緑（440）各¼枚
［なす］
フェルト／紫（668）・白（701）各¼枚

つくり方のポイント
・縫うときは、フェルトと同色の刺しゅう糸1本どりで巻きかがり、たてまつり（p.37）をする

たくあん

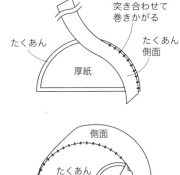
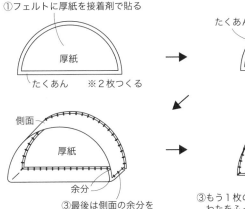

きゅうり

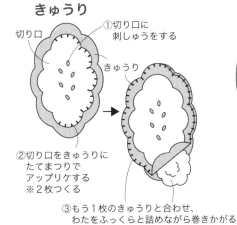

なす

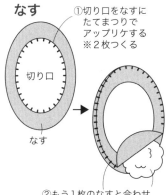

実物大型紙
※すべて断ち切り　※〈 〉内はフェルトの色と枚数

たくあん
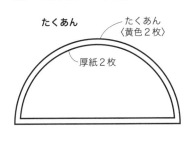
たくあん〈黄色2枚〉
厚紙2枚

きゅうり
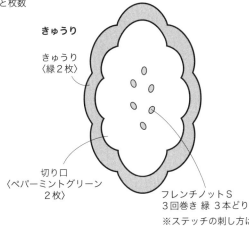
きゅうり〈緑2枚〉
切り口〈ペパーミントグリーン2枚〉
フレンチノットS 3回巻き 緑 3本どり
※ステッチの刺し方はp.87参照

なす
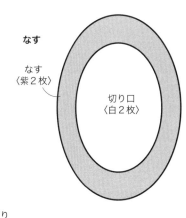
なす〈紫2枚〉
切り口〈白2枚〉

たくあん側面〈黄色1枚〉

p.42
パンどろぼうのミニバッグ、にせパンどろぼうのポシェット

実物大型紙p.72

できあがりサイズ(約・本体のみ)

ミニバッグ=縦16×横18cm
ポシェット=縦19.5×横13cm

用意するもの

[ミニバッグ]
フェルト/アイボリー(RN-24)・黄土色(RN-34) 各2枚、グレー(RN-16) 1枚、白(RN-1)・朱赤(RN-23)・茶色(RN-6) 各適量
25番刺しゅう糸/フェルトと同色、黒、チャコールグレー
布地/コットン(黄土色) 40×20cm
その他/2cm幅のテープ(オフホワイト) 50cm、布地と同色の60番ミシン糸

[ポシェット]
フェルト/黄土色(RN-34) 2枚、アイボリー(RN-24) 1/2枚、朱赤(RN-23)・白(RN-1)・緑(RN-15) 各適量
25番刺しゅう糸/フェルトと同色、黒、こげ茶、茶色
布地/コットン(黄土色) 40×25cm
その他/直径0.5cmのひも ベージュ 1.1m、布地と同色の60番ミシン糸

つくり方のポイント

・フェルトを縫うときは、すべてフェルトと同色の刺しゅう糸1本どりでたてまつり、巻きかがり(p.37)をする

パンどろぼうのミニバッグ

内布の裁ち方図

コットン
・数字の単位はcm

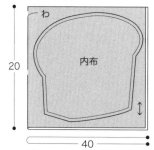

※パン耳も縫い代をつけてフェルトを裁つ

①各パーツをつくる

<目>

❶白目を接着剤で貼る

❷刺し位置につまようじで薄く接着剤をつけてからストレートステッチの要領で刺しゅう糸チャコールグレー 3本どりを渡して貼る

<パン>

2枚をわたを薄く詰めながら巻きかがる

<鼻口部>

❶2枚を合わせて巻きかがる　❷口を接着剤で貼る
鼻口部　口

<鼻先>

1.5
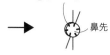
もう1枚をのせて巻きかがる
鼻先

ひげを刺しゅう糸 黒 3本どりでパンどろぼうのコインケース(p.36)の①と同様に長さは1.5cmでつくり、接着剤で鼻先の中心に貼る

<手、足>
手も足も前面に刺しゅうをしてから、後ろ面を合わせてわたを薄く詰めながら巻きかがる

右手　前面　左手
後ろ面
右足　左足

③前面❷❹と同様に本体後ろ面をつくる
※パーツの向きに注意!

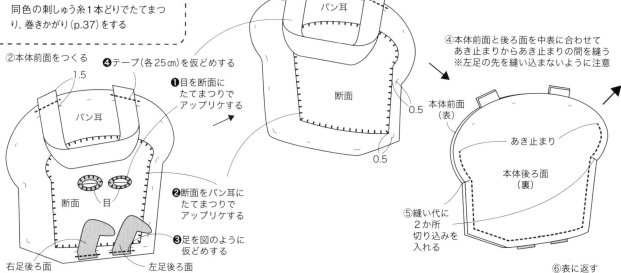

②本体前面をつくる
❹テープ(各25cm)を仮どめする
❶目を断面にたてまつりでアップリケする
❷断面をパン耳にたてまつりでアップリケする
❸足を図のように仮どめする
1.5
パン耳　断面　目
右足後ろ面　左足後ろ面

パン耳　断面　0.5　0.5

④本体前面と後ろ面を中表に合わせてあき止まりからあき止まりの間を縫う
※左足の先を縫い込まないように注意

本体前面(表)　あき止まり　本体後ろ面(裏)

⑤縫い代に2か所切り込みを入れる

⑥表に返す

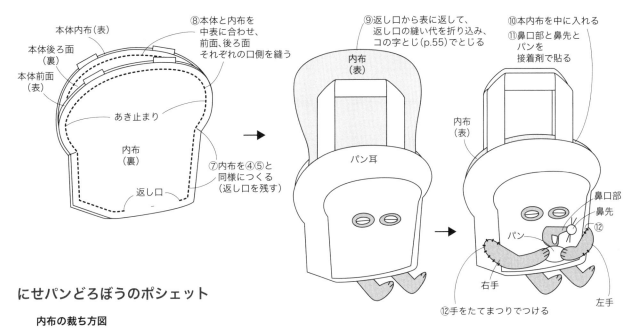

にせパンどろぼうのポシェット

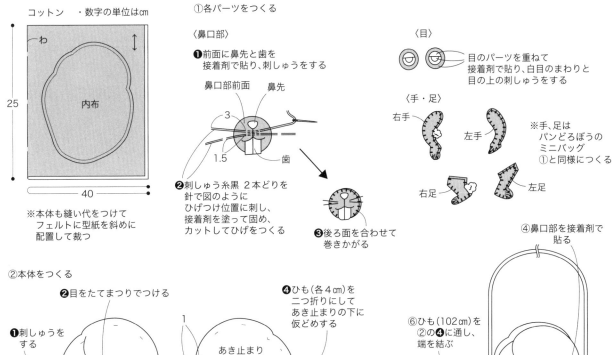

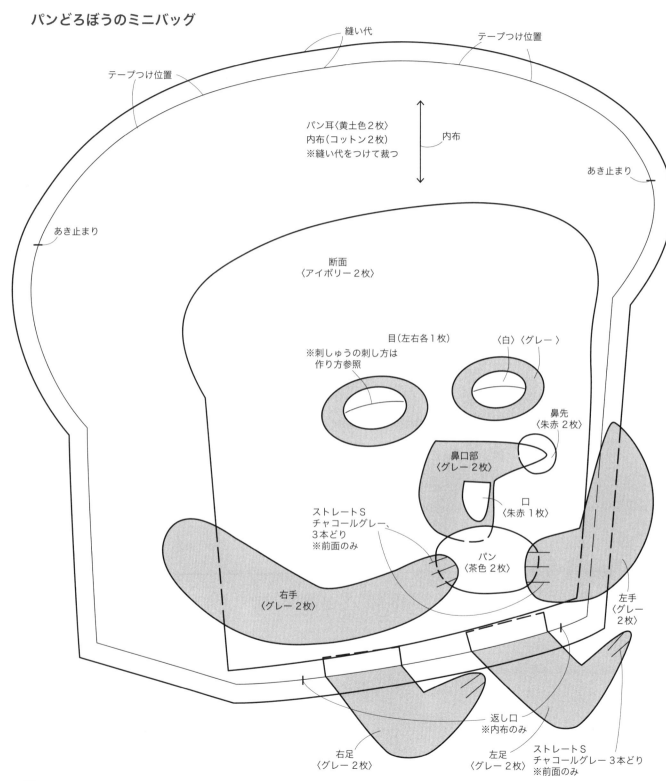

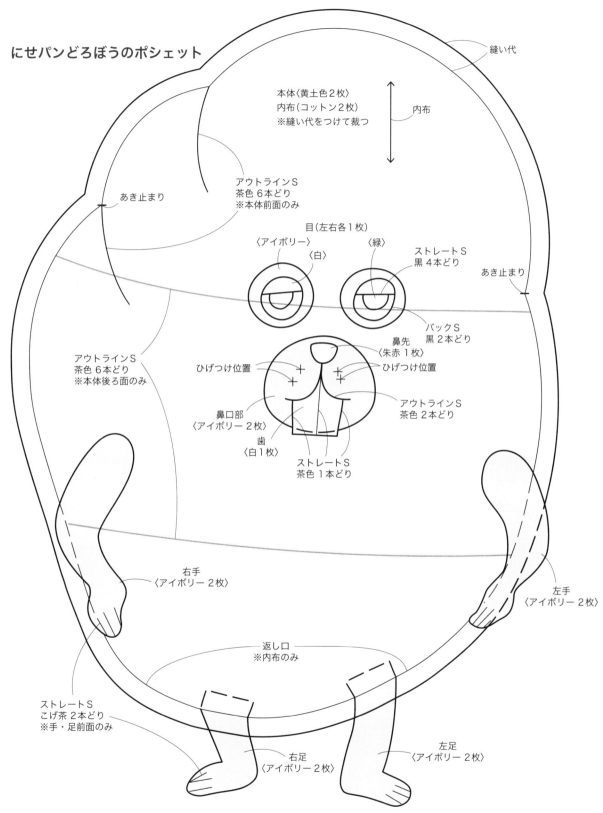

p.44-45
通園通学 3点セット

実物大アップリケ図案p.77

できあがりサイズ(約・本体のみ)

レッスンバッグ＝縦30×横40cm
体操着袋＝縦32×横30cm
上ばき入れ＝縦28×横20cm

用意するもの

布地／コットン（生成り）110cm幅×120cm、コットン（黄色）80×40cm、コットン（ストライプ赤×白）110cm幅×70cm

フェルト／黄土色（RN-34）3枚、アイボリー（RN-24）・黒（RN-31）各½枚、薄い黄色（RN-32）・グレー（RN-16）・白（RN-1）各¼枚、青（RN-46）・朱赤（RN-23）・黄色（RN-12）・ピンク（RN-37）・緑（RN-15）各適量

25番刺しゅう糸／フェルトと同色、薄茶

その他／接着芯110×100cm、2.5cm幅のアクリルテープ（赤）1.1m、直径0.3mmのひも（赤）1.6m、内径2.5cmのDカン（茶色）1個、布地と同色の60番ミシン糸

つくり方のポイント

・数字の単位はcm
・アップリケはフェルトと同色の刺しゅう糸1本どりで、たてまつり（p.37）でつける

布地・素材提供／生地のマルイシ 綿ポリダンガリー4500（オフ白）・（イエロー）、綿ポリ交織ダンガリーストライプ4510（トマトレッド）、25mm幅アクリルテープ（レッド）、3mmアクリルひも（レッド）、Dカン original-dkan（ツヤあり・モカブラウン）

製図と裁ち合わせ図

※縫い代はすべて1cmつけて裁つ
※ [ ] は接着芯を貼る

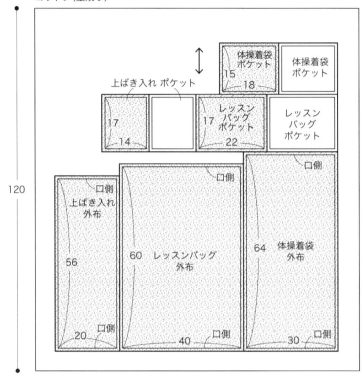

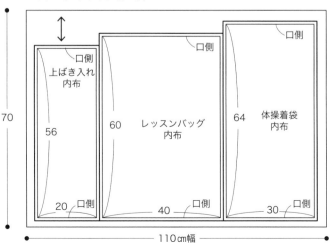

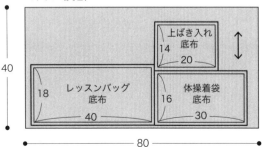

レッスンバッグ

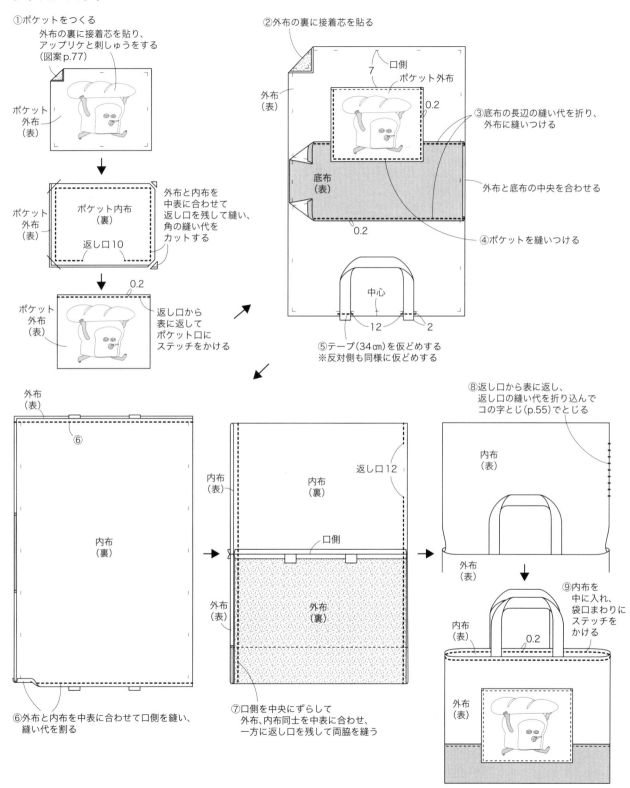

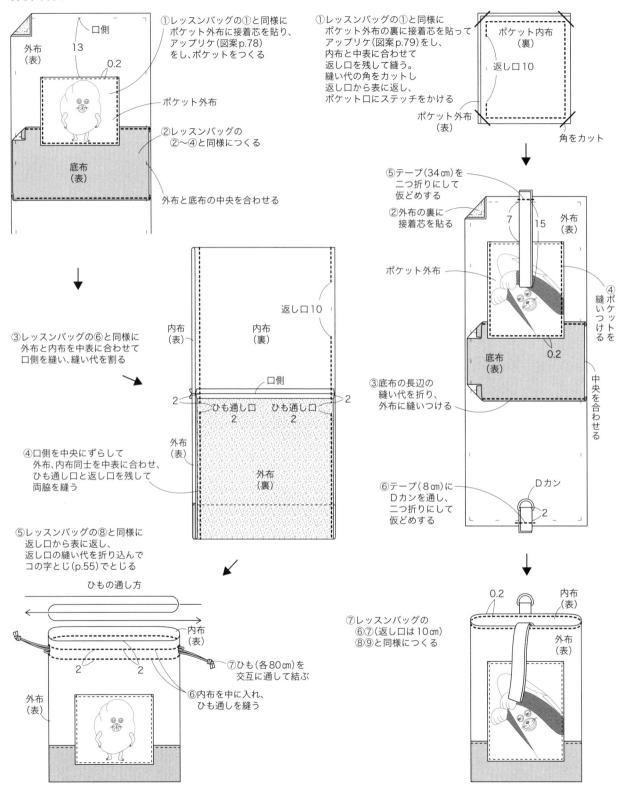

実物大アップリケ図案

※< >内はフェルトの色と枚数
※S＝ステッチ
※ステッチの刺し方はp.18、p.87参照
※アップリケは、フェルトと同色の刺しゅう糸1本どりで、
　たてまつり(p.37)でつける

アップリケの仕方
① 目まわりに、白目→青目の順にアップリケ。目の上を刺しゅうする。
② 鼻口部に口をアップリケ。
③ 断面に①と②をアップリケ。鼻先をアップリケ。
④ ポケット外布に、足と左手をはさんで、パン耳をアップリケ。
⑤ ④に③をアップリケ。ひげを刺しゅうする。④の足と左手をポケット外布にアップリケ。
⑥ フランスパンにクープをアップリケ。
⑦ パンどろぼうのパン耳と左手にかさなるように⑥をアップリケ。
⑧ ⑦に右手をアップリケ。右手と足に刺しゅうをする。

レッスンバッグ

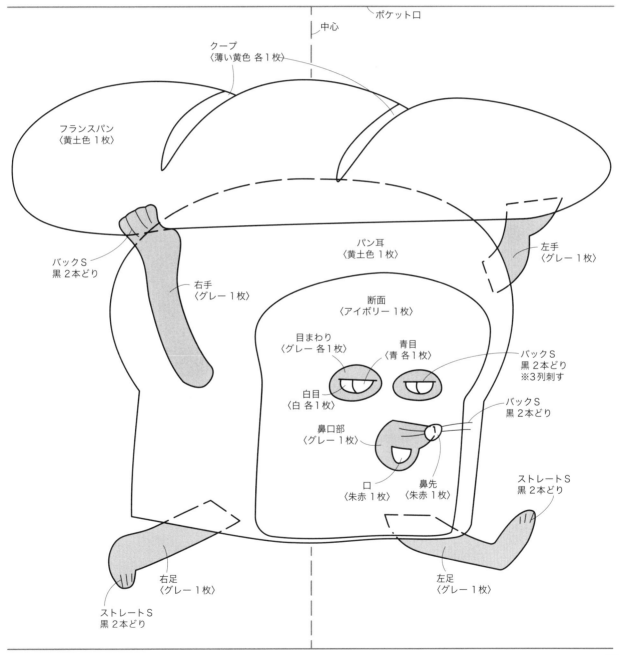

実物大アップリケ図案

※< >内はフェルトの色と枚数
※S＝ステッチ
※ステッチの刺し方はp.18、p.87参照
※アップリケは、フェルトと同色の刺しゅう糸1本どりで、たてまつり(p.37)でつける

アップリケの仕方
① パンに目まわり→白目→緑目の順にアップリケ。白目のまわり→上の順に刺しゅうをする。
② パンに鼻口部→鼻先→歯の順にアップリケ。鼻の下→歯のまわり→ひげの順に刺しゅうをする。
③ ポケット外布に足をはさんで②をアップリケ。足をアップリケ。
④ ③に手をアップリケ。
⑤ パンの切れ目、手足の刺しゅうをする。

体操着袋

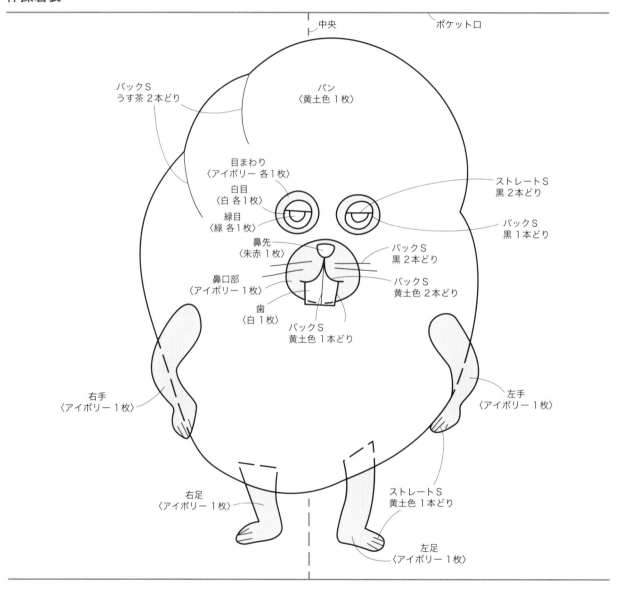

実物大アップリケ図案

※< >内はフェルトの色と枚数
※S＝ステッチ
※ステッチの刺し方はp.18、p.87参照
※アップリケは、フェルトと同色の刺しゅう糸1本どりで、たてまつり(p.37)でつける

アップリケの仕方
① パンにクープをアップリケ。
② パンに白目→黒目→黄色目の順にアップリケし、目の上下とまわりを刺しゅうをする。
③ パンにまわり→鼻口部→鼻先→口の順にアップリケし、鼻口部のまわりと口の上と下に刺しゅうをする。鼻の下とひげを刺しゅうする。
④ ポケット外布に右うでをアップリケ。右うでに右手を重ねてアップリケ。
⑤ ④になぞのフランスパンを重ねてアップリケ。
⑥ ⑤に左うでをアップリケ。左うでに左手を重ねてアップリケ。
⑦ 右手と左手の刺しゅうをする。

上ばき入れ

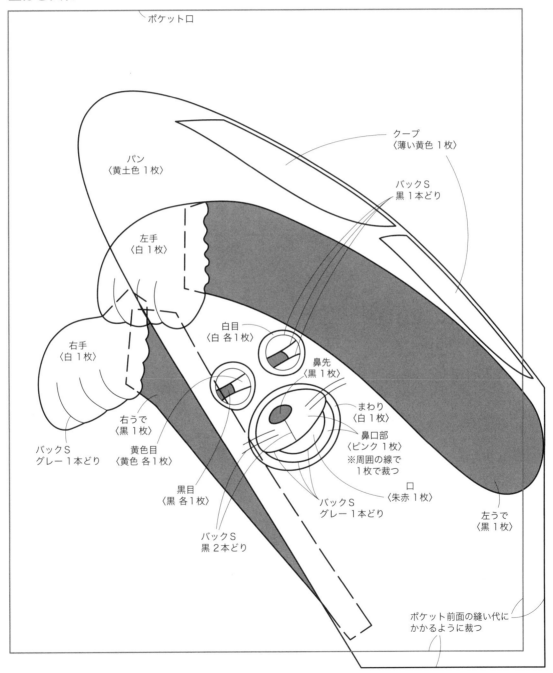

p.46 ショルダーバッグ
実物大型紙 p.82

できあがりサイズ(約・本体のみ)
縦15×横22.5cm

用意するもの

布地／コットン(チェック 生成り×ベージュ)108cm幅×20cm、コットン(ベージュ)60×35cm

フェルト／アイボリー(RN-24)・黄土色(RN-34)各¼枚、白(RN-1)・グレー(RN-16)・朱赤(RN-23)各適量

25番刺しゅう糸／フェルトと同色、赤666、ブルー3760、チャコールグレー3799

その他／接着芯30×35cm、2cm幅の面ファスナー5cm、2.5cm幅のアクリルテープ(モカ茶)1.3m、0.9cm幅のゴムテープ22cm、内径2.5cm幅の角カン(茶色)1個、内径2.5cm幅の移動カン(茶色)1個、布地と同色の60番ミシン糸

つくり方のポイント
・数字の単位はcm
・アップリケは、フェルトと同色の刺しゅう糸1本どりで、たてまつり(p.37)でつける

布地・素材提供／生地のマルイシ 無染色コットンリネン綿麻キャンバス 30mmギンガム(生成り×亜麻カラー)、国産ツイル(ベージュ)、25mmアクリルテープ(モカ)、20mm幅面ファスナー、オリジナル移動カン(キツネ)、オリジナル角カン(キツネ)

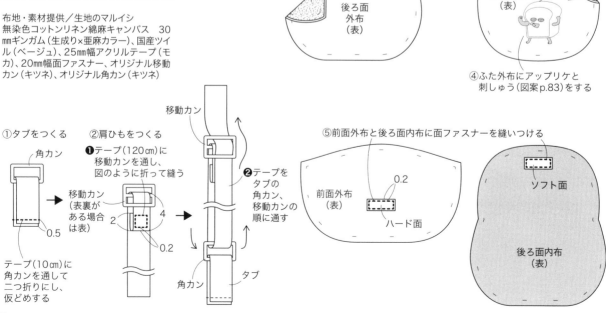

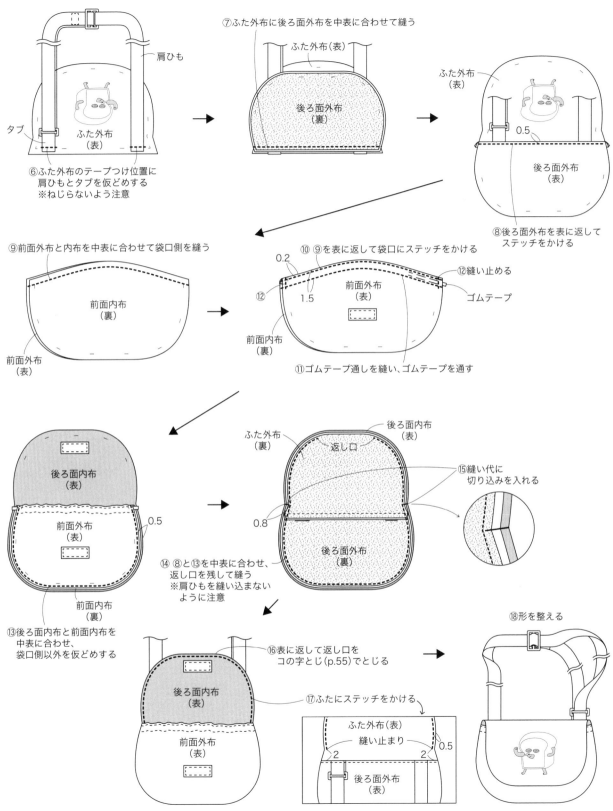

実物大型紙

※「中心わ」はその位置で反転させて型紙をとる
※後ろ面の内布は、ふたと型紙をつなげる

縫い代

前面
外布・内布
(各1枚)

中心わ

☆

後ろ面
外布・内布
(各1枚)
※後ろ面内布は☆の位置でふたと
つなげて1枚にする
(p.83右上の「後ろ面(内布)の
型紙のつくり方」参照)

面ファスナー(ハード面)
つけ位置
※外布のみ

中心わ

縫い代

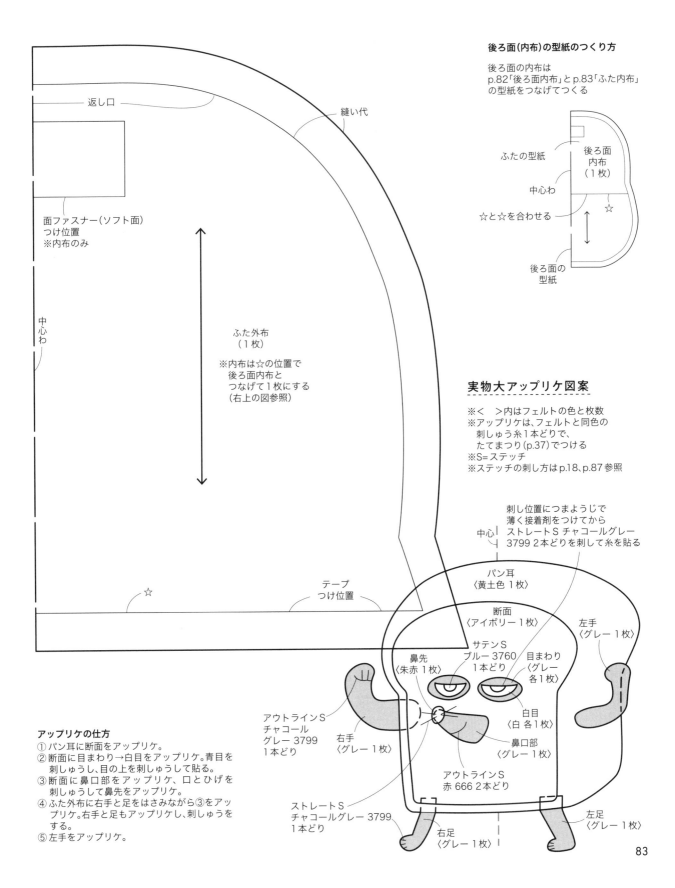

p.48 フェルトワッペン

できあがりサイズ(約)

パンどろぼう・にせパンどろぼう＝
直径8cm
おにぎりぼうや・こぶた＝縦8×横6cm
なぞのフランスパン＝縦11×横4cm

用意するもの

[パンどろぼう]
フェルト／黄色(RN-12)・黄土色(RN-34)各1/4枚、白(RN-1)・グレー(RN-16)・朱赤(RN-23)・アイボリー(RN-24)・青(RN-46)各適量
25番刺しゅう糸／アイボリー、黄土色、黒、グレー、チャコールグレー

[おにぎりぼうや]
フェルト／白(RN-1)・朱赤(RN-23)各1/4枚、グレー(RN-16)・黒(RN-31)各適量
25番刺しゅう糸／青、グレー、黒、白、チャコールグレー

[にせパンどろぼう]
フェルト／薄紫(RN-14)・黄土色(RN-34)各1/4枚、白(RN-1)・アイボリー(RN-24)各適量
25番刺しゅう糸／アイボリー、黄土色、黒、朱赤、茶色、緑

[なぞのフランスパン]
フェルト／黄緑(RN-10)・黄土色(RN-34)各1/4枚、白(RN-1)・薄ピンク(RN-2)・黄色(RN-12)・黒(RN-31)各適量
25番刺しゅう糸／黄土色、黒、朱赤、グレー

[こぶた]
フェルト／白(RN-1)・オレンジ色(RN-8)各1/4枚、濃いグレー(770)・グレー(771)・薄ピンク(RN-2)・黒(RN-31)・濃いピンク(RN-42)・水色(RN-45)・青(RN-46)各適量
25番刺しゅう糸／グレー、黒、白

つくり方のポイント

・アップリケは、フェルトと同色の刺しゅう糸1本どりで、たてまつり(p.37)でつける。小さなパーツは接着剤で貼る
・S＝ステッチ

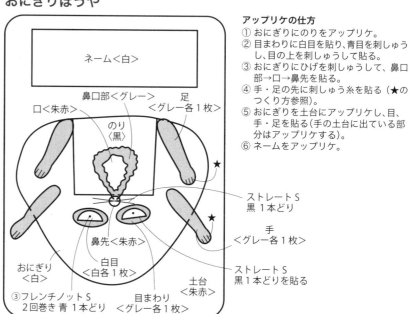

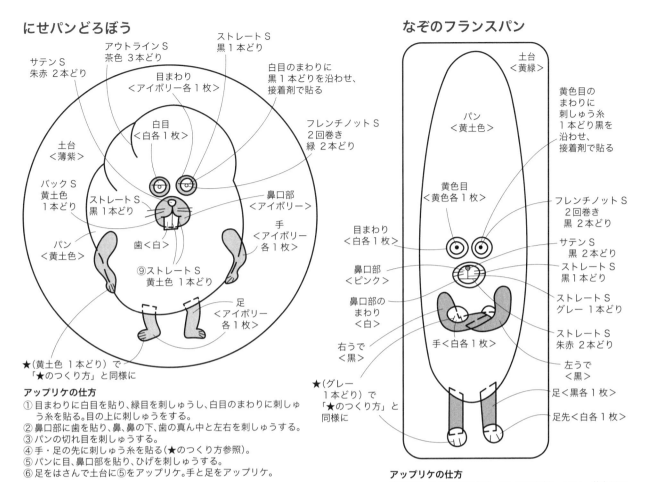

アップリケの仕方
① 目まわりに白目を貼り、緑目を刺しゅうし、白目のまわりに刺しゅう糸を貼る。目の上に刺しゅうをする。
② 鼻口部に歯を貼り、鼻、鼻の下、歯の真ん中と左右に刺しゅうする。
③ パンの切れ目を刺しゅうする。
④ 手・足の先に刺しゅう糸を貼る（★のつくり方参照）。
⑤ パンに目、鼻口部を貼り、ひげを刺しゅうする。
⑥ 足をはさんで土台に⑤をアップリケ。手と足をアップリケ。

アップリケの仕方
① 目まわりに黄色目を貼って、黒目を刺しゅうし、黄色目のまわりに刺しゅう糸を貼る。
② 鼻口部のまわりに鼻口部を貼って、鼻口部に刺しゅうをする（ひげ以外）。
③ 左手・足先に刺しゅう糸を貼る（★のつくり方参照）。
④ パンに目、鼻口部を貼り、ひげを刺しゅうする。
⑤ パンに左うで→右うで→右手→左手の順にうでを組むように貼る。
⑥ 土台に足をはさんで④をアップリケ。足もアップリケ。
⑦ 足に足先を貼る。

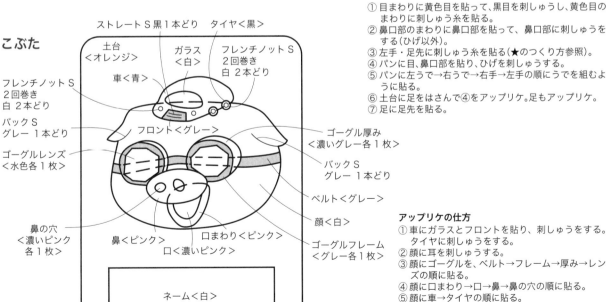

アップリケの仕方
① 車にガラスとフロントを貼り、刺しゅうをする。タイヤに刺しゅうをする。
② 顔に耳を刺しゅうする。
③ 顔にゴーグルを、ベルト→フレーム→厚み→レンズの順に貼る。
④ 顔に口まわり→口→鼻→鼻の穴の順に貼る。
⑤ 顔に車→タイヤの順に貼る。
⑥ 土台に顔をアップリケ（車の土台に出ている部分はアップリケする）。
⑦ ネームをアップリケ。

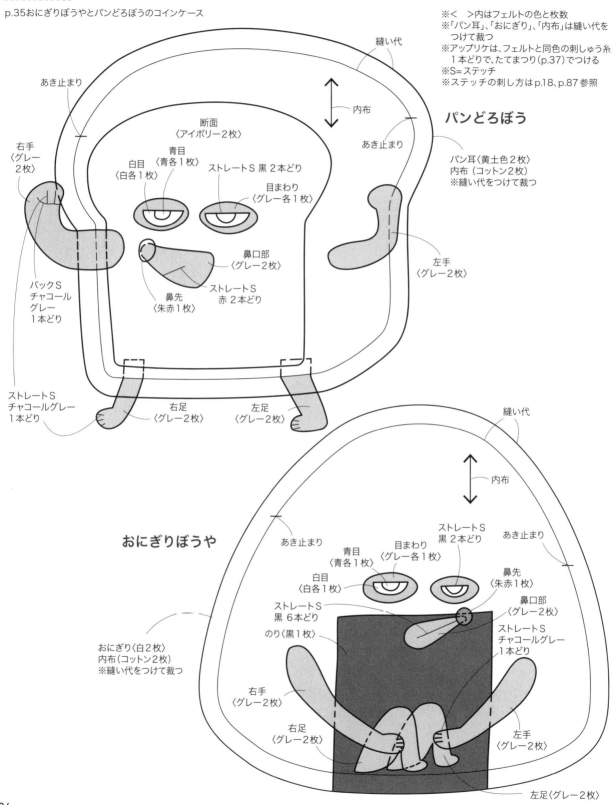

ステッチの刺し方

p.18のステッチの他、この本で使うステッチの刺し方です。

バックステッチ

返し縫いと同じ要領で、等間隔に返しながら刺していく、線を描くときのステッチ。

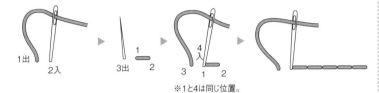

ストレートステッチ

まっすぐな線を描くステッチ。
長さや向きでいろんな模様になる。

コーチングステッチ

図案の線の上に糸を置き、別糸で等間隔にとめていくステッチ。

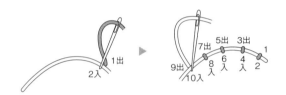

フレンチノットステッチ

結び目をつくるステッチ。
糸の本数や、巻きつける回数で大きさが変わる。

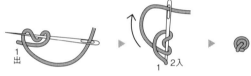

チェーンステッチ

鎖のようなステッチ。針に糸をかけるときは、いつも同じ側から回してかけよう。

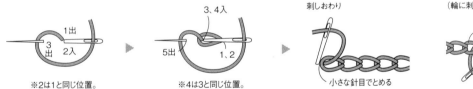

チェーンフィリング

チェーンステッチで面を刺し埋める方法。
まず輪郭を刺してから、中を埋めていく。

レイジーデイジーステッチ

チェーンステッチ1つ分のループを縫いとめて、花びらの形のようになるステッチ。

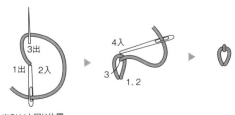

87

原作　柴田ケイコ

イラストレーター・絵本作家／高知県生まれ。絵本作品に、『めがねこ』シリーズ（手紙社）、『しろくま』シリーズ（PHP研究所）、『パンどろぼう』シリーズ（小社）などがある。

てづくり作家

くぼでらようこ	Instagram @dekobokoubou
tam-ram	Instagram @tamram_ribbon
FABBRICA	Instagram @fabbrica_yaji47
étoffer.i	http://etofferi.com
こだいらまさこ	Instagram @kodairamasako
松田恵子	X @mimipipineko
鎌倉 恵	

パンどろぼう
いとしのステッチ&てづくりこもの

2025年2月27日　初版発行

原作／柴田ケイコ
発行者／山下 直久
発行／株式会社KADOKAWA
〒102-8177　東京都千代田区富士見2-13-3
電話　0570-002-301(ナビダイヤル)

印刷所／TOPPANクロレ株式会社
製本所／TOPPANクロレ株式会社

本書の無断複製（コピー、スキャン、デジタル化等）並びに無断複製物の譲渡及び配信は、著作権法上での例外を除き禁じられています。また、本書を代行業者などの第三者に依頼して複製する行為は、たとえ個人や家庭内での利用であっても一切認められておりません。

●お問い合わせ
https://www.kadokawa.co.jp/ (「お問い合わせ」へお進みください)
※内容によっては、お答えできない場合があります。
※サポートは日本国内のみとさせていただきます。
※Japanese text only

定価はカバーに表示してあります。

©Keiko Shibata 2025
©KADOKAWA CORPORATION 2025 Printed in Japan
ISBN 978-4-04-607171-2 C0077

素材提供

刺しゅう糸
ディー・エム・シー株式会社　https://www.dmc.com

フェルト
サンフェルト株式会社　http://www.sunfelt.co.jp

布・ひも・パーツほか
生地のマルイシ　https://www.kijimaru.jp

布
fabric bird　https://www.rakuten.ne.jp/gold/fabricbird/
CHECK & STRIPE　https://checkandstripe.com